Michael Griga und Raymund Krauleidis

Balanced Scorecard für Dummies

Das Pocketbuch

WILEY-VCH Verlag GmbH & Co. KGaA

Bibliografische Information der Deutschen Nationalbibliothek
Die Deutsche Nationalbibliothek verzeichnet diese Publikation in der
Deutschen Nationalbibliografie; detaillierte bibliografische Daten sind im
Internet über http://dnb.d-nb.de abrufbar.

1. Auflage 2009

© 2009 WILEY-VCH Verlag GmbH & Co. KGaA, Weinheim

Wiley, the Wiley logo, Für Dummies, the Dummies Man logo, and related trademarks
and trade dress are trademarks or registered trademarks of John Wiley & Sons, Inc.
and/or its affiliates, in the United States and other countries. Used by permission.

Wiley, die Bezeichnung »Für Dummies«, das Dummies-Mann-Logo und darauf bezogene Gestaltungen sind Marken oder eingetragene Marken von John Wiley & Sons, Inc., USA, Deutschland und in anderen Ländern.

Das vorliegende Werk wurde sorgfältig erarbeitet. Dennoch übernehmen Autoren und Verlag für die Richtigkeit von Angaben, Hinweisen und Ratschlägen sowie für eventuelle Druckfehler keine Haftung.

Mehr über die Balanced Scorecard erfahren Sie in »Balanced Scorecard für Dummies«.

Printed in Germany
Gedruckt auf säurefreiem Papier

Korrektur   Harriet Gehring, Köln
Satz   Conrad und Lieselotte Neumann, München
Druck und Bindung   AALEXX Buchproduktion GmbH, Großburgwedel

ISBN 978-3-527-70466-8

Inhaltsverzeichnis

Einführung 7

Teil I
Management mit Überblick 11

Kapitel 1
Unternehmenssteuerung mit Kennzahlen 13

Kapitel 2
Das Neue an der Balanced Scorecard 31

Kapitel 3
Vier gewinnt: Auswahl der Perspektiven 41

Teil II
Umsetzung in Kennzahlen 51

Kapitel 4
Unternehmensziele und Strategien definieren 53

Kapitel 5
Die passenden Kennzahlen suchen und finden 61

Teil III
Aufbau einer Balanced Scorecard 69

Kapitel 6
Kennzahlen nach den Perspektiven sortieren 71

Kapitel 7
Kennzahlen hierarchisieren 81

Teil IV
Erstellung und Design
der Balanced Scorecard   91

Kapitel 8
Die Balanced Scorecard erstellen   93

Kapitel 9
Markterhebung: Scorecard-Software   101

Teil V
Der Top-Ten-Teil   115

Kapitel 10
Zehn Tipps, wie Sie MS-Office
für Ihre BSC nutzen können   117

Stichwortverzeichnis   127

Einführung

Schön, dass Sie sich entschlossen haben, alles auf eine Karte zu setzen. Und zwar auf die Balanced Scorecard.

Für viele ist sie zwar lediglich neumodischer Kram, den kein Mensch braucht, in Wahrheit ist sie aber, richtig eingesetzt, ein wertvolles Instrument, das bei der Unternehmensteuerung so einiges erleichtern kann.

Es erwartet Sie deshalb auf den kommenden Seiten ein verständlicher Überblick rund um das Thema Balanced Scorecard. Und zwar ohne unverständliches Fachchinesisch! Wir hoffen, dass dies kein allzu großer Verlust für Sie ist und wünschen Ihnen nun viel Spaß beim Lesen und Basteln!

Über dieses Buch

Falls Sie jetzt ein mit belangloser Theorie vollgepacktes Lehrbuch erwarten, könnten Sie enttäuscht werden. Denn was Sie gerade vor sich haben, ist ein praxisorientierter und gut verständlicher Überblick über die Welt der Balanced Scorecard, gespickt mit praxisorientierten Tipps und netten Anekdoten.

Erfahren Sie unter anderem

- ✔ wozu man die Balanced Scorecard braucht
- ✔ alles Wichtige über Kennzahlen
- ✔ wie Sie eine Balanced Scorecard aufbauen
- ✔ was um alles in der Welt Ampeln und Tachos mit dem Thema zu tun haben

Wie Sie dieses Buch verwenden

Wir unterstellen Ihnen an dieser Stelle einfach einmal ein gewisses Grundinteresse für die Balanced Scorecard. Dieses Grundinteresse, sei es freiwillig oder gezwungenermaßen vorhanden, ist die Mindestanforderung, die wir an Sie haben.

Zudem gehen wir einmal davon aus, dass noch mindestens einer der folgenden Punkte auf Sie zutrifft.

- ✔ Sie werden gezwungen, eine Balanced Scorecard zu erstellen, oder wollen dies freiwillig tun.
- ✔ Sie müssen sich in der Ausbildung oder im Studium mit dem Thema herumschlagen.
- ✔ Sie sind ein vielseitig interessierter Mensch, aber besagtes Thema gehörte zu den wenigen Dingen, bei denen Sie bisher nur Bahnhof verstanden haben.
- ✔ Sie fanden, dass das Buch irgendwie nett aussieht.

Das Buch ist so aufgebaut, dass Sie es nicht zwingend wie einen Roman von vorne nach hinten durchlesen müssen, um alles zu verstehen. Wenn Sie es aber dennoch von vorne bis hinten durchlesen möchten, sind wir Ihnen auch nicht böse.

Wie dieses Buch aufgebaut ist

Das Buch gliedert sich in fünf Teile, die der Einfachheit halber fortlaufend nummeriert und inhaltlich zusammenhängend sind. In den jeweiligen Teilen finden Sie folgende Inhalte:

Teil I: Management mit Überblick

Hier erfahren Sie zunächst einmal alles Wissenswerte über Kennzahlen im Unternehmen. Danach zeigen wir Ihnen, was eigentlich das Neue an der Balanced Scorecard ist. Zu guter Letzt verraten wir Ihnen, was es mit Perspektiven auf sich hat, und helfen wir Ihnen dabei, die richtigen Perspektiven für Ihr Unternehmen auszuwählen.

Teil II: Umsetzung in Kennzahlen

In diesem Teil geht es zunächst darum, wie Sie von einer Unternehmensvision über Strategien zu konkreten Zielen und Aktionen kommen können. Doch was bringen die schönsten Ziele und Aktionen, wenn Sie sie nicht messen, sprich: in hübsche Kennzahlen verpacken können. Deshalb verraten wir Ihnen natürlich auch noch, wie Sie die passenden Kennzahlen finden.

Teil III: Aufbau einer Balanced Scorecard

Nachdem Sie nun einen bunten Strauß von Kennzahlen vor sich haben, gilt es erst einmal Ordnung hineinzubringen. Dafür sortieren Sie die Kennzahlen zunächst nach den jeweiligen Perspektiven. Zudem verraten wir Ihnen, wie Sie die mittlerweile thematisch geordneten Kennzahlen hierarchisieren.

Teil IV: Erstellung und Design der Balanced Scorecard

Jetzt wird's handwerklich. In diesem Teil geht es nämlich darum, wie Sie die Balanced Scorecard auf's Papier bringen. Außerdem geben wir Ihnen ein paar Tipps zur Aufhübschung. Dann folgen noch ein kurzer Überblick über gängige Softwarelösungen „von der Stange" sowie Tipps zur Überarbeitung Ihrer Scorecard.

Teil IV: Der Top-Ten-Teil

Vor die Balanced Scorecard hat der Liebe Gott die Datenaufbereitung gesetzt. Deshalb haben wir in diesem Teil zehn nützliche MS-Office-Tipps für Sie.

Symbole, die in diesem Buch verwendet werden

Wenn Sie dieses Symbol sehen, erklären wir Ihnen einen Begriff, der kurz zuvor im Text aufgetaucht ist und ohne weitere Erklärung eventuell Verwirrung stiften könnte.

Damit Sie immer wissen, wo eventuell ein Fallstrick lauern könnte, haben wir uns dieses Symbol für Sie ausgedacht.

Manchmal kommt es tatsächlich vor, dass auch wir uns wiederholen. Das sind jedoch stets wichtige Dinge, auf die wir Sie lediglich nochmals aufmerksam machen möchten.

Immer wenn Sie dieses Symbol entdecken, verbirgt sich dahinter ein nützlicher Tipp. Nur so als Tipp jetzt.

Teil I

Management mit Überblick

»Wenn wir die Dividende streichen, das Inventar reduzieren und uns mit einer Zeitmaschine ins 13. Jahrhundert zurückversetzen lassen, sollten wir ein weiteres Jahr überleben können.«

In diesem Teil ...

... erzählen wir Ihnen zunächst alles, was Sie über die wichtigsten Kennzahlen in Ihrem Unternehmen wissen müssen.

Danach zeigen wir Ihnen, was eigentlich das Neue an der Balanced Scorecard ist.

Zu guter Letzt verraten wir Ihnen dann, was es mit Perspektiven auf sich hat. Natürlich helfen wir Ihnen auch dabei, die richtigen Perspektiven für Ihr Unternehmen zu finden.

Jetzt geht's los!

Unternehmenssteuerung mit Kennzahlen

1

> ### In diesem Kapitel
> ✔ Was ist eine Kennzahl?
> ✔ Die wichtigsten Kennzahlen
> ✔ Kennzahlen ermitteln

Sie gehen regelmäßig zum Arzt und unterziehen sich einem Routine-Check? Wir hoffen, Ihre Werte sind in Ordnung. Somit wäre alles im grünen Bereich, und Sie sind kerngesund. Was hat das jetzt um Himmels willen mit diesem Buch hier zu tun?

Natürlich hat Ihr Unternehmen keinen Cholesterinwert oder Blutzuckerspiegel. Welche traditionellen Kennzahlen für den »Gesundheitszustand« Ihres Unternehmens unter anderem wichtig sind, erfahren Sie im folgenden Kapitel.

Keine Angst vor Kennzahlen

Der Begriff *Kennzahl* mag für den einen oder anderen zunächst einmal Angst einflößend und abstrakt klingen. Aber keine Panik: Eine Kennzahl ist zumeist nichts anderes als die Kombination mehrerer Ihnen bekannter Zahlen, die dann entweder addiert, subtrahiert, multipliziert oder sehr oft dividiert werden. Sofern Sie die vier Grundrechenarten beherrschen, kann Ihnen also eine Kennzahl nichts anhaben.

Beispiele für das, was wir mit »bekannten Zahlen« meinen, sind etwa der Umsatz, der Gewinn oder diverse Werte aus der Bilanz Ihres Unternehmens.

> *Nicht alle Zahlen sind auch sinnvoll*
> Prinzipiell könnten Sie alle absoluten Zahlen, die Sie in Bezug auf Ihr Unternehmen haben, miteinander in Beziehung setzen. Allerdings ist nicht alles sinnvoll. So bringt es Sie kaum weiter, wenn Sie den Gewinn Ihres Unternehmens durch die durchschnittliche Schuhgröße Ihrer Kunden dividieren.

Kennzahlen können in mehrfacher Hinsicht ganz nützlich sein:

- ✔ **Untersuchung der Unternehmensentwicklung:** Mit Hilfe von Kennzahlen kann die Entwicklung Ihres Unternehmens im Zeitverlauf betrachtet werden, wenn dieselben Kennzahlen regelmäßig ermittelt werden.

- ✔ **Zur Unternehmensbewertung:** Ihr Unternehmen kann anhand von Kennzahlen mit anderen Unternehmen verglichen und somit im direkten Vergleich bewertet werden.

- ✔ **Als Frühwarninstrument:** Gewitterwolken für das Unternehmen können durch Kennzahlen erkannt werden, bevor es blitzt und donnert.

- ✔ **Zur Bilanzanalyse:** Die »nackten« Zahlen des Jahresabschlusses können durch Kennzahlen zu aussagekräftigen Werten zusammengeschnürt werden.

Bei der Ermittlung von Kennzahlen sind der Fantasie keine Grenzen gesetzt. Doch keine Sorge: Wir trennen für Sie die Spreu vom Weizen und bringen Ihnen im Folgenden die aussagekräftigsten und in der Praxis anerkanntesten Kennzahlen näher.

Diese beschäftigen sich mit:

- ✔ Der Rentabilität
- ✔ Der Liquidität
- ✔ Der Kapitalstruktur
- ✔ Dem Cashflow

Falls Sie in diesem Buch bislang die Balanced Scorecard vermissen sollten: In diesem Kapitel erfahren Sie zunächst etwas über ein paar Bestandteile der Balanced Scorecard. Die ist nämlich nichts anderes als eine Zusammenfassung vieler unterschiedlicher Kennzahlen aus den unterschiedlichsten Bereichen eines Unternehmens. Idealerweise gibt eine Balanced Scorecard auf einem Blatt Papier Auskunft über die Gesamtlage. Doch dazu mehr im nächsten Kapitel. Jetzt erst mal die wichtigen Basics.

Los geht's! Vorhang auf für die Rentabilität.

Rentabilität: Umsatz allein reicht nicht aus

Zunächst einmal sollten Sie wissen, dass es drei wichtige Kennzahlen zur Rentabilität gibt:

- ✔ Eigenkapitalrentabilität
- ✔ Gesamtkapitalrentabilität
- ✔ Umsatzrentabilität

Grundsätzlich wird bei allen Formen der Rentabilität der Gewinn als Prozentsatz einer bestimmten Größe ausgedrückt. Bei der Eigenkapitalrentabilität wird er zum Beispiel auf das Eigenkapital bezogen.

Eigenkapitalrentabilität

Sie haben Ihr privates Vermögen auf einem Tagesgeldkonto angelegt. Pro Jahr bekommen Sie 4,5 Prozent Zinsen. Legen Sie beispielsweise 1.000 Euro an, erwirtschaften Sie einen Zinsgewinn von 45 Euro. Haben Sie etwas mehr übrig und legen 10.000 Euro an, beträgt der Zinsgewinn 450 Euro.

So gesehen ist ein Unternehmen auch nichts anderes als ein Tagesgeldkonto. Anteilseigner investieren ihr Geld, um einen bestimmten Nutzen – auch *Gewinn* genannt – zu erzielen. Anders als bei einem Tagesgeldkonto lässt sich aber der Zinssatz der Investition erst nachträglich ermitteln. Und dieser Zinssatz ist das, was sich hinter der Eigenkapitalrendite versteckt. Die Eigenkapitalrentabilität ergibt sich aus dem Gewinn geteilt durch das investierte Eigenkapital.

Und wo bekommen Sie nun die Daten her, um die Eigenkapitalrentabilität zu ermitteln? Dazu gehen Sie am besten zum Aktenschrank und suchen sich den Ordner mit dem letzten Jahresabschluss:

✔ Den Gewinn entnehmen Sie der Gewinn-und-Verlust-Rechnung.

✔ Das Eigenkapital finden Sie auf der Passivseite der Bilanz.

Eine Gewinn-und-Verlust-Rechnung (GuV) kann so wie in der nächsten Tabelle aussehen. Die Position »Jahresüberschuss/Jahresfehlbetrag« zeigt den Gewinn auf – sofern Ihr Unternehmen einen erwirtschaften konnte.

Gewinn- und Verlustrechnung der Alles-Supi AG (in Millionen Euro)	
Umsatzerlöse	4.400
Herstellungskosten	3.000
Bruttoergebnis	1.400
Vertriebskosten	150
allgemeine Verwaltungskosten	250
sonstige betriebliche Erträge	200
sonstige betriebliche Aufwendungen	300
sonstige Zinsen	2
Abschreibungen auf Finanzanlagen	350
Ergebnis der gewöhnlichen Geschäftstätigkeit	548
außerordentliche Erträge	5
Ertragssteuern	200
Sonstige Steuern	9
Jahresüberschuss/Jahresfehlbetrag	344

Falls das Unternehmen in den roten Zahlen landen sollte und Verluste schreibt, ist die Position »Jahresüberschuss/Jahresfehlbetrag« negativ. Dadurch landen auch die Kennzahlen zur Rentabilität im negativen Bereich.

Wie hoch das Eigenkapital ist, können Sie problemlos der Bilanz entnehmen. Dieses erscheint auf der Passivseite ganz oben. Addieren Sie alle zum Eigenkapital gehörigen Positionen zusammen. Die nächsten beiden Tabellen verschaffen hoffentlich die absolute Klarheit. Zuerst die Aktivseite der Bilanz:

Aktivseite	
Anlagevermögen	
Geschäftswert	45
sonstige immaterielle Anlagewerte	65
Sachanlagen	2.850
Finanzanlagen	270
Umlaufvermögen	
Vorräte	1.680
Forderungen aus Lieferungen & Leistungen	2.000
sonstige Vermögensgegenstände	10
Wertpapiere	120
liquide Mittel	330
Rechnungsabgrenzungsposten	12
Summe Aktiva	**7.382**

Jetzt die Passivseite:

Passivseite	
Eigenkapital	
gezeichnetes Kapital	600
Kapitalrücklage	1.400
Gewinnrücklage	1.800
Rückstellungen	
ungewisse Verbindlichkeiten	200
unterlassene Instandhaltung	10
Verbindlichkeiten	
gegenüber Kreditinstituten	3.000
aus Lieferungen & Leistungen	352
Rechnungsabgrenzungsposten	20
Summe Passiva	**7.382**

Jetzt haben Sie alle Werte beisammen, die Sie zur Berechnung der Eigenkapitalrentabilität benötigen. Wie Sie daraus die Eigenkapitalrentabilität ermitteln, sehen Sie in der nächsten Formel.

$$Eigenkapitalrentabilität\ in\ Prozent = \frac{Gewinn\ in\ €}{Eigenkapital\ in\ €}$$

Der Gewinn wird in das Verhältnis zum eingesetzten Eigenkapital gesetzt. In unserem Beispiel werden die 344 Millionen Euro durch die 3.800 Millionen Euro Eigenkapital geteilt. Die Eigenkapitalrentabilität beträgt in diesem Fall 9,05 Prozent. Ein ganz ordentlicher Wert. Eine Bank, die Ihnen eine solche Verzinsung Ihres Kapitals anbietet, finden Sie nicht an jeder Ecke.

> *Eigenkapitalrentabilität*
> Die Eigenkapitalrentabilität ist die Kennzahl, auf die die Anteilseigner das größte Augenmerk legen. Warum? Sie besagt, ob es überhaupt noch sinnvoll ist, in das Unternehmen zu investieren, oder ob das Geld woanders eine bessere Verzinsung einfahren könnte.

Gesamtkapitalrentabilität

In der Regel sind Unternehmen jedoch nicht nur mit Eigenkapital, sondern auch zusätzlich noch mit Fremdkapital finanziert. Beides zusammen ergibt das *Gesamtkapital* der Firma.

Die Gesamtkapitalrentabilität gibt an, mit wie viel Prozent sich das gesamte Kapital verzinst. Das interessiert vor allem die Fremdkapitalgeber.

Das Fremdkapital setzt sich zusammen aus den Verbindlichkeiten, den Rückstellungen und den passiven Rechnungsabgrenzungsposten.

Die Gesamtkapitalrentabilität berechnet man wie folgt:

$$\text{Gesamtkapitalrentabilität in Prozent} = \frac{\text{Gewinn in € + Fremdkapitalzinsen in €}}{\text{Gesamtkapital in €}}$$

Für die Ermittlung der Gesamtkapitelrentabilität benötigen Sie dieselben Quellen wie bei der Eigenkapitalrentabilität: den Gewinn aus der GuV und die Kapitalinformationen aus der Bilanz.

Der Gewinn bleibt fast derselbe wie bei der Berechnung der Eigenkapitalrentabilität. »Fast« deswegen, da im Gewinn die Zinsen, die Ihr Unternehmen für Fremdkapital bezahlen muss, als Aufwand abgezogen wurden. Diese müssen hier wieder hinzugerechnet werden, um den Gewinn vor Abzug der Fremdkapitalzinsen zu erhalten. Die Position »Sonstige Zinsen« enthält im Beispiel zwei Millionen Euro Zinsen für Fremdkapital. Folglich erhöht sich der für die Berechnung herangezogene Gewinn von 344 auf 346 Millionen Euro.

Auch bei der Größe, auf die dieser Gewinn bezogen wird, ändert sich etwas. Das Fremdkapital muss noch zum Eigenkapital hinzugerechnet werden. Die gesamte Passivseite der Bilanz muss hierfür also aufaddiert werden.

Jetzt haben Sie alles parat, um die Gesamtkapitalrentabilität zu ermitteln. Im Beispiel werden 346 Millionen Euro durch 7.382 Millionen Euro Gesamtkapital geteilt. Die Gesamtkapitalrentabilität beträgt in diesem Fall 4,69 Prozent.

Mit der Gesamtkapitelrendite wird ausgedrückt, dass jeder Euro, unabhängig davon, wer ihn in das Unternehmen gebracht hat, 0,0469 Euro an Gewinn abwirft. Immerhin ist das Unternehmen für alle Beteiligten immer noch attraktiver als ein Tagesgeldkonto.

 Je höher der Fremdkapitalanteil am Gesamtkapital, desto größer wird auch der Unterschied zwischen Eigenkapital- und Gesamtkapitalrentabilität. Trotz einer guten Eigenkapitalrentabilität kann sich mit einem hohen Fremdkapitalanteil eine miserable Gesamtkapitalrentabilität ergeben. Ein Leben auf Pump zahlt sich eben nicht aus, und hier gilt wie so oft im Leben: Die richtige Mischung macht's.

Umsatzrentabilität

Umsatz ist zwar gut und schön, doch was bleibt letztendlich vom Umsatz als Gewinn hängen? Diese Frage beantwortet Ihnen eine Kennzahl, die sich *Umsatzrentabilität* nennt. Sie drückt in Prozent aus, wie viel Gewinn mit einem Euro an Umsatz erwirtschaftet wurde.

 Die Umsatzrentabilität ist eine prima Kennzahl, um sich mit anderen Unternehmen zu messen und die Ergebnisentwicklung im eigenen Unternehmen über mehrere Jahre hinweg zu verfolgen.

Die Umsatzrentabilität berechnen Sie, indem Sie einfach den Gewinn durch die Umsatzerlöse teilen.

Bei der Ermittlung der Umsatzrentabilität können Sie erst einmal die Bilanz wieder beiseitelegen. Alle Daten hierfür stehen ja in der Gewinn-und-Verlust-Rechnung.

Nun dividieren Sie einfach den Gewinn durch die Umsatzerlöse und Sie wissen, wie viel Prozent von einem Euro Umsatz als Gewinn bei Ihrem Unternehmen hängen bleiben.

$$\text{Umsatzrentabilität in Prozent} = \frac{\text{Gewinn in €}}{\text{Umsatzerlöse in €}}$$

344 Millionen Euro Gewinn geteilt durch 4.400 Millionen Euro Umsatzerlöse ergibt nach Adam Riese eine Umsatzrentabilität von 7,82 Prozent. Das bedeutet, dass das Unternehmen mit jedem Euro Umsatz 7,82 Cent Gewinn macht. Der Rest des hart verdienten Euros wird von irgendwelchen Kosten aufgefressen.

Alles, was »Rentabilität« heißt, bezieht sich auf den Gewinn. Der Begriff, der vor dem Wörtchen »Rentabilität« steht, ist diejenige Größe, durch die der Gewinn bei der jeweiligen Kennzahlenermittlung dividiert wird. Ist der Gewinn einmal negativ, was man landläufig auch Verlust nennt, landen auch die Kennzahlen zur Rentabilität allesamt im negativen Bereich.

Liquidität – oder: Auch die Gehälter müssen bezahlt werden

Ohne Moos nix los. Diese unumstößliche Wahrheit gilt nicht nur für Ihren Geldbeutel, sondern auch für jedes Unternehmen dieser Welt. Das Fatale: Hat Ihr Arbeitgeber kein Geld mehr, füllt sich auch Ihr Geldbeutel nicht. Somit sollten Sie schon aus reinem Eigeninteresse die Liquidität Ihres Arbeitgebers im Auge behalten.

> ### *Immer schön flüssig bleiben ...*
> Liquidität bedeutet nichts anderes, als genügend Geld zu haben, um die Zahlungspflichten wie Löhne, Gehälter oder Zinsen zu erfüllen. Das Gegenteil von »liquide« nennt man dann »insolvent« oder, platter ausgedrückt »pleite«. Die Liquidität muss also immer gesichert sein, um den Fortbestand des Unternehmens zu sichern.

Auch hier sind aller guten Dinge drei. Zur Liquidität gibt es nämlich folgende Kennzahlen:

- ✔ Liquidität ersten Grades
- ✔ Liquidität zweiten Grades und – Sie ahnen es schon –
- ✔ Liquidität dritten Grades

Liquidität ersten Grades (Barliquidität)

Diese Kennzahl setzt die flüssigen Mittel des Unternehmens mit dem kurzfristigen Fremdkapital in Relation. Sie sagt also aus, wie hoch der Anteil des kurzfristigen Fremdkapitals ist, der mit den flüssigen Mitteln des Unternehmens theoretisch sofort bezahlt werden könnte.

Flüssige Mittel sind Bankguthaben, die Kasse, Wechsel und Schecks. Also alle sofort verfügbaren Geldmittel des Unternehmens.

Als kurzfristiges Fremdkapital bezeichnet man alle Kredite, Verbindlichkeiten und Schulden, die binnen eines Jahres zurückgezahlt werden müssen. Auch kurzfristige Rückstellungen gehören dazu.

Die Angaben, die Sie für die Ermittlung der Liquidität ersten Grades brauchen, stehen wieder einmal alle in der Bilanz.

 Das einzige Problem, das auftauchen könnte, ist die Unterscheidung des Fremdkapitals in kurz- und langfristiges Fremdkapital. Hierfür klingeln Sie im Zweifelsfall am besten einmal in der Buchhaltung an. Zum mittel- beziehungsweise langfristigen Fremdkapital zählt man grundsätzlich alle Verbindlichkeiten mit einer Restlaufzeit von mehr als einem Jahr beziehungsweise fünf Jahren.

Nehmen wir einfach an, Sie haben die Info aus der Buchhaltung erhalten, dass 50 Prozent des gesamten Fremdkapitals kurzfristiger Natur ist und innerhalb eines Jahres zurückgezahlt werden muss. Die liquiden Mittel finden Sie auf der Aktivseite der Bilanz, das Fremdkapital auf der Passivseite unterhalb des Eigenkapitals. 50 Prozent aus der Summe der Rückstellungen, Verbindlichkeiten und dem Rechnungsabgrenzungsposten sind 1.791 Millionen Euro.

Wie man die Liquidität ersten Grades genau berechnet, zeigt Ihnen die nächste Formel.

$$\text{Liquidität 1. Grades in Prozent} = \frac{\text{Flüssige Mittel in } €}{\text{kurzfristiges Fremdkapital in } €}$$

Teilt man die 300 Millionen Euro liquider Mittel durch das kurzfristige Fremdkapital in Höhe von 1.791 Millionen Euro, ergibt sich eine Liquidität ersten Grades von 8,43 Prozent. Dieser Wert besagt, dass Ihre liquiden Mittel nur für eine Deckung von 18,43 Prozent aller kurzfristigen Verbindlichkeiten ausreichen. Das hört sich erst einmal erschreckend an. Aber das Geld soll ja nicht sinnlos in Ihren Kassen herumliegen, sondern in Ihrem Unternehmen gewinnbringend arbeiten.

 Die durchschnittliche Liquidität ersten Grades liegt bei deutschen Unternehmen bei etwa zehn Prozent.

Liquidität zweiten Grades

Im Gegensatz zur Liquidität ersten Grades werden hier zu den liquiden Mitteln noch die kurzfristigen Forderungen hinzugezählt, und das Ganze wird wie gehabt durch das kurzfristig fällige Fremdkapital geteilt. Als Formel sieht das so aus:

$$\text{Liquidität 2. Grades in Prozent} = \frac{\text{Flüssige Mittel in €} + \text{kurzfristige Forderungen in €}}{\text{Kurzfristiges Fremdkapital in €}}$$

 Kurzfristige Forderungen sind Beträge, die Ihnen andere schulden und die innerhalb von einem Jahr zurückbezahlt werden müssen.

Wir nehmen an, dass 75 Prozent aller Forderungen kurzfristig fällig sind. Und jetzt ran an den Taschenrechner und flugs die Liquidität zweiten Grades ermittelt. Teilt man die 1.830 Millionen Euro liquider Mittel und kurzfristiger Forderungen durch das kurzfristige Fremdkapital in Höhe von 1.791 Millionen Euro ergibt sich eine Liquidität zweiten Grades von 102,2 Prozent.

 Im Idealfall sollte die Liquidität zweiten Grades zwischen 100 und 120 Prozent liegen. Ist dies nicht der Fall, liegen vermutlich zu viele Ihrer Produkte auf Lager oder es gibt Problemchen in der Wertschöpfung Ihres Unternehmens. Liegt diese Kennzahl sogar deutlich unter 100 Prozent, könnte im schlimmsten Fall die Insolvenz vor der Tür stehen.

Die Liquidität zweiten Grades gilt als die aussagekräftigste aller drei Varianten der Liquidität. Aber noch nicht genug der Liquidität. Eine haben wir noch.

Liquidität dritten Grades

Zusätzlich zu den flüssigen Mitteln und den kurzfristigen Forderungen werden hier auch noch die Vorräte berücksichtigt.

Vorräte sind beispielsweise die fertigen, aber noch nicht verkauften Erzeugnisse in Ihrem Lager oder gelagerte Rohstoffe und Materialien.

Die Formel für die Liquidität dritten Grades sieht wie folgt aus:

$$\text{Liquidität 3. Grades in Prozent} = \frac{\text{Flüssige Mittel in €} + \text{kurzfristige Forderungen in €} + \text{Vorräte in €}}{\text{kurzfristiges Fremdkapital in €}}$$

Der in der Bilanz angesetzte Wert der Vorräte liegt bei 1.680 Euro. Diesen Wert müssen Sie also zu den bisherigen Werten im Zähler der Berechnung hinzuaddieren. Teilt man die 3.510 Millionen Euro liquider Mittel, kurzfristiger Forderungen und Vorräte durch das kurzfristige Fremdkapital in Höhe von 1.791 Millionen Euro, ergibt sich eine sehr hohe Liquidität dritten Grades von 196,0 Prozent.

Wenn die Liquidität dritten Grades zwischen 120 und 150 Prozent liegt, ist alles im grünen Bereich. Bei einem Wert darunter wurden eventuell die Preise falsch kalkuliert. Ist der Wert wie in unserem Beispiel darüber, liegen eindeutig zu viele nicht verkaufte

Produkte auf Lager. Hier sollte dann erst einmal das Lager abgebaut werden, um nicht unnötig Kapital zu binden.

Was gehört wem – Kapitalstruktur

Wie ist eigentlich ein Unternehmen finanziert? Hierzu brauchen Sie erst einmal folgende Informationen:

- ✔ Wie hoch ist das Eigenkapital?
- ✔ Wie hoch ist das Fremdkapital?
- ✔ Wie hoch ist die Summe aus beidem: das Gesamtkapital?

Bei der Kapitalstruktur müssen Sie Ihr Augenmerk auf die folgenden Passivposten lenken:

- ✔ Eigenkapital
- ✔ Rückstellungen
- ✔ Verbindlichkeiten
- ✔ Rechnungsabgrenzungsposten

Nun raten Sie mal, wie viele wichtige Kennzahlen es zur Kapitalstruktur gibt. Sie ahnen es schon – wieder einmal drei:

- ✔ Die Eigenkapitalquote
- ✔ Die Fremdkapitalquote
- ✔ Die Verschuldungsquote

Die Eigenkapitalquote

Diese Kennzahl sagt Ihnen, wie hoch der Anteil des Eigenkapitals am Gesamtkapital ist. Dazu dividieren Sie einfach das

Eigenkapital durch das Gesamtkapital. Mit den Werten der obigen Bilanz ergibt sich für die »Alles-Supi-AG« eine Eigenkapitalquote von 51,5 Prozent.

$$\textit{Eigenkapitalquote in Prozent (51,5\%)} = \frac{\textit{Eigenkapital in € (3.800 Mio. €)}}{\textit{Gesamtkapital in € (7.382 Mio. €)}}$$

 Die Eigenkapitalquote sollte idealerweise über 50 Prozent liegen. Je höher die Eigenkapitalquote, desto geringer ist die Gefahr, in die Zahlungsunfähigkeit zu rutschen. Das Unternehmen hat dann nämlich einen finanziellen Puffer für Zeiten, in denen es mal nicht so gut läuft, und muss dann nicht so schnell neues Fremdkapital aufnehmen.

Die Fremdkapitalquote

Wie viel von allem ist fremdfinanziert? Hier wird der Anteil des Fremdkapitals am Gesamtkapital ermittelt. Dazu dividieren Sie das Fremdkapital durch das Gesamtkapital. In harten Fakten und Zahlen ausgedrückt, sehen Sie dies für das Beispiel in der nächsten Formel.

$$\textit{Fremdkapitalquote in Prozent (48,5\%)} = \frac{\textit{Fremdkapital in € (3.582 Mio. €)}}{\textit{Gesamtkapital in € (7.382 Mio. €)}}$$

Man könnte natürlich auch die 100 Prozent Gesamtkapital nehmen und die Eigenkapitalquote davon abziehen, um die Fremdkapitalquote zu erhalten.

 Die Fremdkapitalquote ist das Gegenstück zur Eigenkapitalquote, und beide zusammen ergeben stets 100 Prozent. Da die Eigenkapitalquote über 50 Prozent liegen soll, bedeutet dies somit eine ideale Fremdkapitalquote von unter 50 Prozent. Sonst geht das Unternehmen das Risiko ein, sich zu überschulden.

Die Verschuldungsquote

Bei der Verschuldungsquote wird das Eigenkapital in Relation zum Fremdkapital gesetzt. Die Verschuldungsquote sagt aus, wie viel Euro Fremdkapital einem Euro Eigenkapital gegenüberstehen. Im Beispiel sind das gut 94 Cent.

$$\text{Verschuldungsquote in Prozent (94,3\%)} = \frac{\text{Fremdkapital in € (3.582 Mio. €)}}{\text{Eigenkapital in € (3.800 Mio. €)}}$$

Nur nicht zu sehr in die Miesen geraten

Die Verschuldungsquote sollte stets unter 100 Prozent liegen. Das bedeutet dann, dass jedem Euro Eigenkapital weniger als ein Euro an Fremdkapital gegenübersteht. Je geringer diese Kennzahl ausfällt, desto besser. Nimmt sie einen Wert jenseits der 100 Prozent an, heißt es: Aufpassen – Überschuldungsgefahr!

Der Cashflow

Im Normalfall erwirtschaftet ein Unternehmen Geld. Wir hoffen und unterstellen nun einmal, dass dies auch für das Unternehmen gilt, für das Sie arbeiten.

Mit diesem vom Unternehmen selbst verdienten Geld können etwa Investitionen getätigt oder die Verbindlichkeiten zurückbezahlt werden. Und wenn dann noch etwas übrig ist, können davon auch Gewinnanteile ausbezahlt werden.

Der Cashflow misst die Selbstfinanzierungskraft eines Unternehmens. Darunter versteht man die Fähigkeit des Unternehmens, sich aus eigener Kraft zu finanzieren, ohne Schulden aufnehmen zu müssen. Die Kennzahl Cashflow besagt somit, wie viel Geld tatsächlich fließt und für das Unternehmen hängen bleibt.

Sie könnten nun denken: »Ja klar, das ist nichts anderes als der Jahresüberschuss.« Doch das ist nur die halbe Wahrheit. Denn bei der Ermittlung des Jahresüberschusses werden unter anderem auch Abschreibungen vorgenommen und Rückstellungen gebildet.

Das geschieht aus Mitteln, die eigentlich dem Unternehmen zur freien Verfügung stehen. Und wenn wiederum Rückstellungen aus Vorjahren aufgelöst werden, erhöht das den Jahresüberschuss des aktuellen Jahres, ohne dass tatsächlich Geld fließt. Folglich muss der Jahresüberschuss noch etwas angepasst werden, um den Cashflow zu erhalten.

Den Jahresüberschuss können Sie ohne Weiteres aus der letzten Gewinn- und Verlustrechnung übernehmen. Bezüglich der Abschreibungen und Rückstellungen quälen Sie am besten erneut die Buchhaltung. Mit den dort erfragten Werten ergibt sich für das Unternehmen folgender Cashflow:

Jahresüberschuss	344
+ Abschreibungen	800
+ Erhöhung von Rückstellungen	500
– Auflösung von Rückstellungen	150
= Cashflow	**1.494**

Je höher der Cashflow ist, desto kreditwürdiger steht man da. Ist er negativ, sieht's zappenduster aus.

Das Neue an der Balanced Scorecard

2

> *In diesem Kapitel*
> ✔ Was ein Kennzahlensystem ist
> ✔ Was es für Kennzahlensysteme gibt
> ✔ Das Besondere an der Balance Scorecard

Kennzahlen mit System

Im Gegensatz zu den Kennzahlen, bei denen es sich um einsame Einzelkämpfer handelt, werden in Kennzahlensystemen mehrere Kennzahlen zusammen betrachtet, um dadurch mehrere Sichtweisen und Einflussfaktoren berücksichtigen zu können.

Ein Kennzahlensystem ist eine Ansammlung mehrerer, in der Regel miteinander verknüpfter Kennzahlen. Ziel dieser Systeme ist es, komplizierte Sachverhalte auf möglichst wenige Größen zu reduzieren. Und dies unter Berücksichtigung der Abhängigkeiten zwischen den einzelnen Kennzahlen. So können dann Aussagen und Prognosen zu unternehmerisch wichtigen Entwicklungen vorgenommen werden.

Vier Gründe für ein Kennzahlensystem

Warum man einzelne Kennzahlen benötigt, konnten Sie bereits im vorigen Kapitel erfahren. Manchmal reichen einzelne Kennzahlen aber nicht aus, um komplizierte Sachverhalte darzustellen.

Erfahren Sie nun die wichtigsten Vorteile eines Kennzahlensystems.

✔ **Alles auf einen Blick:** Sie sehen alle wichtigen Einflussgrößen auf einen Blick. Außerdem werden die vielen Einflussfaktoren auf einen oder einige wenige bedeutende Faktoren reduziert. So können Sie auch die kompliziertesten Sachverhalte einfach darstellen und dem Management die notwendige Entscheidungsbasis zur Verfügung stellen.

✔ **Transparente Darstellung:** In Kennzahlensystemen sollen unternehmerische Kennzahlen sowie die Abhängigkeiten zwischen den einzelnen Größen transparent und gut überschaubar dargestellt werden. So kann diese Darstellungsweise eine ausreichende Steuerungs- und Entscheidungsgrundlage für das Management bieten.

✔ **Entscheidungsunterstützung:** Dank der bestehenden Verknüpfungen zwischen den einzelnen Kennzahlen können Sie mit einem Kennzahlensystem Sensitivitätsanalysen erstellen. Diese können bei wichtigen Entscheidungen sehr wertvoll sein.

Durch Sensitivitätsanalysen erfahren Sie, wie sich die Veränderungen bestimmter Faktoren auf andere Faktoren auswirken. Das kann man bei einfacheren Sachverhalten zum Beispiel mit Excel machen.

✔ **Systemseitige Unterstützung:** Ferner können die Kennzahlensysteme in bestehenden Systemen abgebildet werden. So können sie automatisch erstellt werden und stehen Ihnen Tag und Nacht zur Verfügung.

> 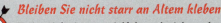 *Bleiben Sie nicht starr an Altem kleben*
> Es ist nicht immer zielführend, sich an den bereits bekannten, klassischen Kennzahlensystemen und deren Strukturen festzuklammern. Im Gegenteil: Betrachten Sie die klassischen Systeme eher als Grundgerüst, auf dem Sie Ihr an die derzeitige Lage und die Bedürfnisse Ihrer Firma angepasstes Kennzahlensystem aufbauen können.

Welche Kennzahlensysteme es gibt

Eines der wichtigsten klassischen Kennzahlensysteme ist das sogenannte *Du-Pont-Kennzahlensystem*.

Die Einflussgrößen des ROI: Das Du-Pont-System

Das Du-Pont-System wurde im Jahre 1919 entwickelt und ist wohl das älteste und bekannteste Kennzahlensystem.

Vereinfacht lässt sich das Du-Pont-System wie in Abbildung 2.1 als eine Pyramide darstellen. Die einzelnen Kennzahlen werden dabei »aufeinandergestapelt«. Ganz oben an der Spitze steht die wichtigste Kennzahl des Systems, der sogenannte Return on Investment (ROI).

Der Return on Investment wird aus zwei Kennzahlen berechnet: aus der Umsatzrentabilität und dem Kapitalumschlag.

Die *Umsatzrentabilität* ist der Gewinn geteilt durch die Umsatzerlöse. Beide Werte erhalten Sie ohne Probleme aus der Gewinn-und-Verlust-Rechnung. Die Kennzahl besagt, wie viel vom Umsatz als Gewinn für das Unternehmen hängen geblieben ist. Und zwar als Prozentwert.

Abbildung 2.1: Pyramidendarstellung
des Du-Pont-Kennzahlensystems

Den *Kapitalumschlag* berechnen Sie, indem Sie die Umsatzerlöse durch das Gesamtkapital Ihres Unternehmens dividieren.

Die *Umsatzerlöse* erhalten Sie aus der Gewinn-und-Verlust-Rechnung Ihres Unternehmens, das Gesamtkapital aus der Bilanz. Das Gesamtkapital steht in der Bilanz. Und zwar ist es die Summe aus Anlagevermögen und Umlaufvermögen.

 Der Kapitalumschlag beschreibt, wie hoch der Anteil der erzielten Umsätze am gesamten Kapital ist, und somit, wie oft das investierte Kapital eingesetzt werden muss, um den Unternehmensumsatz zu erzielen. Je niedriger diese Zahl, desto mehr Kapital wird benötigt, um den gleichen Umsatz zu erwirtschaften, das heißt, desto ineffizienter ist das Unternehmen. Bei einem Kapitalumschlag von 80 Prozent würden stolze 20 Prozent des eingesetzten Kapitals brachliegen – sie arbeiten nicht. Davon wären die Kapitalgeber mit Sicherheit nicht begeistert. Gut wäre hier ein Wert, der weit über der 100-Prozent-Marke liegt.

Return on Investment: Was springt für Eigner und Anleger raus?

Die Berechnung des Return on Investment, auch kurz ROI genannt, hier für Sie noch einmal kurz in einer Formel.

ROI in Prozent = Umsatzrentabilität in Prozent × Kapitalumschlag in Prozent

Sie können den ROI aber auch ermitteln, indem Sie den Gewinn durch das Gesamtkapital dividieren. Das Ergebnis ist dasselbe.

Der ROI (Return on Investment) liefert die Antwort auf die Frage, wie lohnend es ist, Geld in das Unternehmen zu investieren. Er besagt, wie viel Gewinn aus dem investierten Kapital erwirtschaftet wird. Je höher der ROI, desto schneller findet ein Unternehmer im Bedarfsfall neue Kapitalgeber.

Sie ahnen es sicherlich schon. Neben dem Du-Pont-Kennzahlensystem gibt es noch ein paar weitere Kennzahlensysteme. Wir wollen Ihnen hier zwei davon kurz vorstellen, damit Sie im Zweifelsfalle mitreden können.

Das ZVEI-Kennzahlensystem

Der Zentralverband der Elektrotechnik- und Elektroindustrie e.V. (ZVEI) hat Ende der 1980er-Jahre ein Kennzahlensystem entwickelt, das nicht nur für Unternehmen aus der Elektrobranche verwendbar sein soll. Dieses Kennzahlensystem wird oftmals als Weiterentwicklung des Du-Pont-Kennzahlensystems bezeichnet. So viel zur Geschichte. Jetzt zum praktischen Teil.

Das ZVEI-Kennzahlensystem gliedert sich in zwei Teile: in die Wachstums- und in die Strukturanalyse.

Die Wachstumsanalyse

Die Wachstumsanalyse steht vor der Strukturanalyse und gibt einen groben Überblick über die Entwicklung des gesamten Unternehmens. Also werden einige absolute Kennzahlen im Zeitablauf dargestellt. Und zwar aus den Themenbereichen:

- ✔ Vertrieb
- ✔ Ergebnis
- ✔ Kapitalbindung
- ✔ Wertschöpfung
- ✔ Beschäftigung

 Eine absolute Kennzahl zeichnet sich dadurch aus, dass sie nicht durch Division oder Multiplikation ermittelt werden muss. Die Anzahl der Mitarbeiter ist zum Beispiel so eine absolute Kennzahl.

Die Strukturanalyse

Nach der Wachstumsanalyse folgt im ZVEI-System die Strukturanalyse. Dabei werden durch gezieltes Dividieren und Multiplizieren weitere Kennzahlen ermittelt, die alle miteinander verknüpft sind. Ganz oben in der Hierarchie steht die Eigenkapitalrentabilität. Diese Kennzahl basiert wiederum auf dem Return on Investment und dem Eigenkapitalanteil. Und so weiter.

Wenn Sie dieses System anwenden, haben Sie am Ende ungefähr 200 Kennzahlen gebildet. Diese hohe Anzahl an Kennzahlen kann das System leicht unübersichtlich werden lassen. Daher unsere Empfehlung: Wenden Sie dieses System besser nur dann an, wenn Sie wirklich einen Nutzen daraus ziehen können sowie das System stark standardisiert anwenden können und nicht jedes Jahr neu variieren müssen. Sonst bricht schnell ein Kennzahlenchaos aus.

Das Rentabilitäts-Liquiditätssystem

Die beiden Systeme Du Pont und ZVEI haben sich im Wesentlichen mit Kennzahlen zur Rentabilitätsmessung begnügt. In den 1970er-Jahren erkannten die Herren Thomas Reichmann und Laurenz Lachnit, dass dies zur Unternehmensführung alleine nicht reicht. Denn Anfang der 1970er-Jahre erschütterte die erste Ölkrise die Weltwirtschaft. Jetzt wurde es für viele Unternehmen zu einer Überlebensfrage, genügend liquide Mittel zur Verfügung zu haben, um diese Krise überstehen zu können. Kennzahlen zur Liquidität gerieten dabei in den Fokus.

Das Rentabilitäts-Liquiditätssystem von Reichmann und Lachnit besteht aus zwei Teilen.

Der Rentabilitätsteil besteht unter anderem aus den folgenden Kennzahlen:

- ✔ Ordentliches Ergebnis: also das ordentliche Betriebs- und Finanzergebnis
- ✔ Gesamtkapitalrentabilität
- ✔ Return on Investment

Der Liquiditätsteil besteht unter anderem aus den folgenden Kennzahlen:

- ✔ Liquide Mittel
- ✔ Cashflow
- ✔ Working Capital

Das Rentabilitäts-Liquiditätssystem besteht aus wesentlich weniger Kennzahlen als das ZVEI-System und bildet zugleich noch weitere Aspekte zur Beurteilung der Unternehmenslage ab.

Das Besondere an der Balance Scorecard

Eine eindeutige Antwort auf die Frage, welche Kennzahlen oder welches Kennzahlensystem Sie verwenden sollen, gibt es nicht. Es steht Ihnen selbstverständlich frei, ein fertiges Kennzahlensystem komplett zu übernehmen. Sie sollten sich bei dieser Entscheidung jedoch stets von der Frage leiten lassen: »Welche Kennzahlen benötige ich wirklich, um ein rundes Bild vom gesamten Unternehmen zu erhalten?« Damit machen Sie sicherlich nichts falsch.

In der Praxis werden die traditionellen Kennzahlensysteme jedoch meist nicht vollständig, sondern nur in Bruchteilen verwendet, da es sonst viel zu umfangreich werden würde. Und diese eher unappetitlichen Bruchstücke stoßen beim Management meist auch nur auf ein geringes Interesse.

Es begab sich im Jahre 1992, als die Herren Robert Kaplan und David Norton angeblich völlig frustriert darüber waren, dass die Manager ihre dicken Managementratgeber nicht lasen.

Daraufhin verfassten die beiden einen Artikel für die Zeitschrift *Harvard Business Review*. Da diese Herren wohl offensichtlich mit einem hohen Maß an Kreativität ausgestattet sind, haben sie in diesem Artikel nicht einfach ihren Frust abgeladen, sondern konstruktiv an einer Lösung des Problems gearbeitet. Die Lösung, die sie entwarfen, hieß *Balanced Scorecard* und sorgt nun wiederum selbst – das soll hier nicht verschwiegen werden – bei dem einen oder anderen Manager für eine ordentliche Portion Frust.

Und was ist jetzt das völlig Neue an der Balanced Scorecard? Alle verwendeten Kennzahlen werden so aggregiert, dass alle Informationen auf ein Blatt Papier passen. Appetitliche Häppchen fürs Management.

Die Balanced Scorecard soll mit Hilfe weniger aggregierter Kennzahlen alle wichtigen Perspektiven eines Unternehmens, die für die Umsetzung der Unternehmensziele wichtig sind, auf einem Blatt Papier darstellen können. Der Leser einer Balanced Scorecard soll also schnell erkennen können, ob das Unternehmen auf dem richtigen Weg ist.

Dies geht aber nicht alleine mit Finanzkennzahlen, da diese in der Regel meist nur Auskunft über die Vergangenheit geben können. Wenn der Gewinn im letzten Geschäftsjahr gut war, heißt dies ja noch lange nicht, dass dies in der Zukunft auch so sein wird. Um dies zum Beispiel besser abschätzen zu können, versucht die Balanced Scorecard, auch andere Unternehmensdimensionen beziehungsweise -perspektiven abzubilden.

> ### *Achtung: Verwechslungsgefahr*
>
> Sollte Ihr Chef eines schönen Tages von Ihnen »alle Kennzahlen auf einem Blatt Papier, also eine Balanced Scorecard oder halt so ein Cockpit Chart« verlangen, müssen Sie nachfragen, was er nun genau möchte.
>
> Ein Cockpit Chart stellt zwar, genau wie die Balanced Scorecard, alle vom Management für wichtig erachteten Kennzahlen auf einem Blatt Papier dar. Die Auswahl der Kennzahlen folgt aber nicht einem ausgeklügelten System wie bei der Balanced Scorecard. Ein Cockpit Chart ist deshalb im Vergleich zu einer Balanced Scorecard recht schnell aufgebaut; Sie müssen nur die ausgewählten Kennzahlen auf einem Blatt übersichtlich darstellen.

Vier gewinnt: Auswahl der Perspektiven

3

> ### In diesem Kapitel
> ✔ Was Perspektiven sind
> ✔ Die klassischen Perspektiven der Balanced Scorecard
> ✔ Weitere denkbare Perspektiven

Bekanntlich ist ja alles immer eine Frage der Perspektive. Und wichtig ist zudem, dass man die Dinge auch aus der richtigen Perspektive sieht.

Diese schlauen Sprüche, die Sie sicherlich schon das eine oder andere Mal in Alltagssituationen gehört haben, treffen natürlich auch auf die Balanced Scorecard zu. Hier spielt der Begriff *Perspektive* nämlich eine zentrale Rolle. Welche, erfahren Sie jetzt.

Viere gerade sein lassen

Die Balanced Scorecard (abgekürzt BSC) ist im Idealfall ein ausbalanciertes Kennzahlensystem, das vier Perspektiven abbildet. Damit soll die Unternehmensleitung in die Lage versetzt werden, ihre kurzfristigen und strategischen Ziele verfolgen und umsetzen zu können.

Als Perspektive bezeichnet man in einer Balanced Scorecard das, worauf das Management sein Hauptaugenmerk hinsichtlich der Strategie und der Vision des Unternehmens legt. Denn genau das soll ja auch in der BSC abgebildet, gemessen und beobachtet werden. Pro Perspektive werden außerdem ein bis zwei Ziele sowie entsprechende Maßnahmen abgeleitet.

Ihre Balanced Scorecard darf auch aus drei Perspektiven bestehen. Oder auch aus zwei oder fünf. So wie es eben für Ihr Unternehmen am besten passt. Es bleibt trotzdem eine Balanced Scorecard, auch wenn etwas von der reinen Lehre abgewichen wurde. Eine der Stärken der Balanced Scorecard ist nämlich, dass Sie bei deren Erstellung freie Hand haben. Somit dürfen beziehungsweise müssen Sie die Perspektiven für Ihre Balanced Scorecard gemäß der Strategie und Vision Ihres Unternehmens auswählen.

Die »klassischen« Perspektiven der BSC

Da Sie jetzt sicherlich sehr gespannt auf die klassischerweise verwendeten Perspektiven sind, wollen wir Ihnen diese auch nicht länger vorenthalten:

- ✔ Die finanzielle Perspektive
- ✔ Die Kundenperspektive
- ✔ Die interne Prozessperspektive
- ✔ Die Lern- und Entwicklungsperspektive

Zu verdanken haben Sie diese Perspektiven übrigens auch den Herren Robert S. Kaplan und David P. Norton.

Die finanzielle Perspektive

Geld regiert nun mal die Welt – ist aber dennoch nicht alles. Nichtsdestotrotz darf die Berücksichtigung finanzieller Aspekte in einer Balanced Scorecard natürlich nicht fehlen. Schließlich existieren die wenigsten Unternehmen aus rein karitativen oder kapitalvernichtenden Gründen. Auch wenn manchmal dieser Eindruck entstehen sollte.

In der finanziellen Perspektive dreht sich somit alles um die Ertrags- und Vermögenslage des Unternehmens. Diese soll hier mit Hilfe geeigneter Kennzahlen dargestellt werden.

 Geeignet sind Kennzahlen dann, wenn sie es schaffen, bestimmte Ziele des Unternehmens in Zahlen zu packen und somit messbar und vergleichbar zu machen. Doch dazu in den folgenden Kapiteln noch viel mehr.

Mögliche Kennzahlen in der finanziellen Perspektive könnten zum Beispiel sein:

- ✔ Kosten pro Produkt
- ✔ Umsatz pro Außendienstmitarbeiter
- ✔ Deckungsbeitrag pro Kunde

Welche Kennzahlen Sie letzten Endes verwenden, hängt, wie bereits erwähnt, von Ihrer Zielsetzung ab. So würde es zum Beispiel wenig sinnvoll sein, wenn Sie den Deckungsbeitrag pro Kunde messen würden, obwohl Sie eigentlich die Aktivitäten Ihres Außendienstes betrachten wollen.

Die Kundenperspektive

Was nutzen die besten Produkte, wenn Sie keine Kunden haben oder Ihnen die Kundschaft aus irgendwelchen Gründen in Scharen davonläuft? Eben: nicht sonderlich viel. Somit sollen Sie stets auch mindestens ein Auge auf Ihre Kundschaft werfen und versuchen, diese rundum glücklich zu machen. Zumindest glücklicher, als die Konkurrenz sie machen würde …

In der Kundenperspektive werden somit wichtige Informationen über die Marktsituation und über das Verhältnis zur Kundschaft aufgezeigt.

Die Beziehungen zwischen Unternehmen und Kunde haben in den letzten Jahren enorm an Bedeutung gewonnen. Vor allem in Branchen, in denen ein Verdrängungswettbewerb herrscht, wie in der Telekommunikations- oder der Finanzbranche. Immer mehr Unternehmen versuchen deshalb, ihre Kunden mit Hilfe eines Kundenbeziehungsmanagements (auch CRM für Customer Relationship Management genannt) zu binden. Deshalb sollten Sie die Bedeutung dieser Perspektive auf keinen Fall unterschätzen.

Mögliche Kennzahlen innerhalb der Kundenperspektive sind:

- ✔ Der Marktanteil
- ✔ Die Anzahl der Neukunden
- ✔ Die Reaktionszeit auf Kundenanfragen
- ✔ Die Kundenzufriedenheit

Einige Kennzahlen der Kundenperspektive sind zugegebenermaßen schwer zu messen. Während Sie den Marktanteil mit Hilfe externer Daten noch recht gut in Zahlen darstellen können, wird es etwa bei der Kundenzufriedenheit schon etwas schwieriger. Hier helfen Ihnen jedoch die Kollegen aus der Marktforschung sicherlich gerne weiter. Sollte Ihr Unternehmen keine Marktforschungsabteilung haben – keine Panik. Es gibt viele Dienstleister, die das gegen ein geringes Entgelt gerne für Sie machen.

Die Prozessperspektive

Wenn Ihre Kollegen an den Produktionsmaschinen Zeitung lesend herumstehen, weil der Einkauf mal wieder vergessen hat, die Rohstoffe rechtzeitig zu bestellen, läuft etwas schief.

Und darum geht es unter anderem in der Prozessperspektive: Hier soll aufgezeigt werden, ob die Prozesse rundlaufen und effizient gearbeitet werden kann oder ob es noch Verbesserungspotenzial bei den Prozessen gibt.

Es geht an dieser Stelle hier somit weniger um Geld und Kunden, sondern vielmehr um interne Abläufe.

 Indirekt dreht es sich allerdings doch wieder ums liebe Geld und die Kundschaft. Denn in der Prozessperspektive stehen schließlich diejenigen Arbeitsabläufe im Fokus, durch die Ihre tollen Produkte entstehen. Diese sollen Ihre Kunden ja auch kaufen, was Ihnen wiederum bares Geld bringt. Die Prozessperspektive unterstützt also auch die Erreichung von Zielen der finanziellen Perspektive und der Kundenperspektive.

Denkbare Kennzahlen der Prozessperspektive sind unter anderem:

✔ Prozessdurchlaufzeiten

✔ Ausschussquote

✔ Produktqualität

Gut geölt, das Getriebe?

In der Prozessperspektive geht es allerdings weniger darum, die Mitarbeiter zu kontrollieren. Vielmehr steht die Frage im Vordergrund, ob die Prozesse rundlaufen. Falls nicht, gilt es sich Gedanken zu machen, was man dagegen tun kann. Denn je schneller Sie produzieren können, desto mehr Produkte können Sie verkaufen. Und im Idealfall auch umso mehr Kunden beglücken.

Die Lern- und Entwicklungsperspektive

Die Lern- und Entwicklungsperspektive beschäftigt sich, drastisch ausgedrückt, mit den Überlebenschancen Ihres Unternehmens.

Beispielsweise bringen Ihnen noch so perfekt optimierte Prozesse rein gar nichts, wenn Ihnen die Mitarbeiter scharenweise weglaufen. Oder wenn Ihre Organisation so aufgebaut ist, dass 90 Prozent der Arbeit Ihrer Kollegen aus Bürokratie und Selbstverwaltung bestehen.

In der Lern- und Entwicklungsperspektive erscheinen also Kennzahlen zur Erreichung der mittel- bis langfristigen Überlebensziele des Unternehmens. Es geht hier insbesondere um Ihre Mitarbeiter, die Informationssysteme sowie die Organisation des Unternehmens.

Auch hier gilt, ähnlich wie bei der Prozessperspektive: Die Lern- und Entwicklungsperspektive unterstützt die Ziele der anderen drei Perspektiven. Ohne motivierte Mitarbeiter keine optimalen Prozessabläufe und ohne optimale Prozesse … Sie wissen schon.

Als Kennzahlen kommen für die Lern- und Entwicklungsperspektive in Frage:

✔ Mitarbeiterfluktuation

✔ Zielerreichungsgrad der Mitarbeiter

✔ Aus- und Weiterbildung der Mitarbeiter

Abbildung 3.1. zeigt Ihnen die vier Perspektiven einer Balanced Scorecard nach Kaplan/Norton im Überblick. Im Zentrum stehen stets Strategie und Vision des Unternehmens.

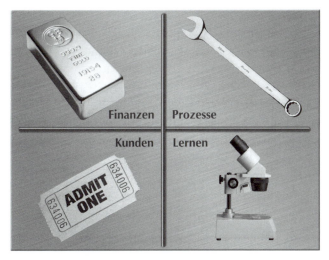

Abbildung 3.1: Perspektiven einer BSC nach Kaplan/Norton

Noch mehr Perspektiven

Neben den klassischen vier Perspektiven gibt es aber noch weitere denkbare Sichtweisen. Im Folgenden stellen wir Ihnen exemplarisch zwei davon vor:

✔ Die ökologische Perspektive

✔ Die Stakeholderperspektive

 In der Praxis erscheinen allerdings in nahezu jeder Balanced Scorecard zumindest die finanzielle Perspektive und die Kundenperspektive. Schließlich spielen Geld und Kunden ja auch (fast) immer eine Rolle in der Unternehmensstrategie.

Die ökologische Perspektive

Nachdem sich immer mehr Manager ihrer ökologischen Verantwortung bewusst werden und sich mit dem Thema Umweltschutz aktiv auseinandersetzen, gewinnen auch ökologische Gesichtspunkte hinsichtlich der Unternehmenssteuerung zunehmend an Bedeutung.

Böse Zungen behaupten übrigens, dass dies nur daran läge, dass es die Unternehmen mittlerweile kräftig Geld kostet, Dreck in die Luft zu pusten. Aber das wollen wir mal einfach so dahingestellt lassen.

Mögliche Kennzahlen einer ökologischen Perspektive könnten sein:

✔ CO_2-Emmision

✔ Kennzahlen zur Energieeffizienz

✔ Ausgaben für Umweltschutz

Auch die ökologische Perspektive ist mittlerweile eng mit der finanziellen Perspektive und der Kundenperspektive verzahnt. Zum einen werden Unternehmen zunehmend zur Kasse gebeten, wenn sie Umweltauflagen nicht einhalten. Zum anderen achten immer mehr Verbraucher darauf, wie die Unternehmen in Sachen Umweltschutz agieren. Aber auch auf die Prozess- sowie die Lern- und Entwicklungsperspektive kann sie Einfluss haben.

Die Stakeholderperspektive

Die Stakeholderperspektive stellt oftmals eine Erweiterung der Kundenperspektive dar.

Als Stakeholder bezeichnet man diejenigen Gruppen und Personen, die mit dem Unternehmen zu tun haben und mit ihm in einer sozioökonomischen Beziehung stehen. Neben den Kunden können das beispielsweise auch Anspruchsgruppen wie Anteilseigner, Gläubiger, Ihre Lieferanten, der Staat, die Mitarbeiter oder auch einfach nur Ihre Nachbarn sein.

In der Stakeholderperspektive berücksichtigen Sie somit neben den Kennzahlen zu Ihrer Kundschaft auch noch Kennzahlen, die andere Gruppen oder Personen betreffen, die mit Ihrem Unternehmen zu tun haben.

Beispiele für solche Kennzahlen wären:

- ✔ Anzahl der Lieferanten
- ✔ Anzahl der Mitgliedschaften in Interessensverbänden

✔ Anzahl der Beschwerden aus der Nachbarschaft wegen Ruhestörung durch nächtliche Belieferung

> Oftmals wird in der Praxis auch die ökologische Perspektive in die Stakeholderperspektive integriert. Schließlich ist die Umwelt und somit die Gesellschaft ja auch eine Anspruchsgruppe des Unternehmens.

Würden Sie sich zum Beispiel dafür entscheiden, die Kundenperspektive auszuweiten und eine Stakeholderperspektive daraus zu machen, so würde der Grobaufbau Ihrer Balanced Scorecard wie in Abbildung 3.2. dargestellt aussehen.

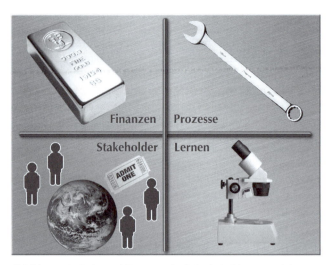

Abbildung 3.2: Balanced Scorecard mit Stakeholderperspektive

Teil II
Umsetzung in Kennzahlen

In diesem Teil …

… erklären wir Ihnen zunächst, was es mit Visionen, Unternehmensleitbildern, Zielen und Strategien auf sich hat. Dann geht es darum, wie Sie aus einer Vision konkrete Aktionen ableiten können.

Was bringen jedoch die schönsten Ziele und Aktionen, wenn sich diese nicht messen, sprich: in hübsche Kennzahlen verpacken lassen wollen. Deshalb verraten wir Ihnen zu guter Letzt, wie Sie die passenden Kennzahlen für die jeweiligen Aktionen finden können.

Unternehmensziele und Strategien definieren

4

> *In diesem Kapitel*
> ✔ Unternehmensziele definieren
> ✔ Strategien entwickeln
> ✔ Aus den Zielen konkrete Aktionen ableiten

Bevor Sie sich ernsthaft mit dem Aufbau einer Balanced Scorecard auseinandersetzen, müssen Sie zunächst prüfen, ob bereits alle Bausteine einer Balanced Scorecard in Ihrem Unternehmen vorhanden sind.

Stellen Sie sich dazu vor, Sie seien Mitarbeiter der Quietscheentchenfabrik Entenmann & Söhne und haben den Auftrag erhalten, eine Balanced Scorecard zu erstellen.

Von der Vision zum Unternehmensziel

Falls Ihnen das Unternehmensziel noch nicht bekannt sein sollte, fragen Sie doch Ihren Geschäftsführer. Der müsste es eigentlich wissen.

Sind Sie jedoch der Geschäftsführer oder sagt Ihnen Ihr Oberchef lediglich, dass Sie das doch gefälligst selbst erarbeiten sollen, bringt Ihnen diese Vorgehensweise nicht wirklich etwas.

Hier erfahren Sie nun alles Wichtige über Unternehmensvisionen, Unternehmensleitbilder und Unternehmensziele.

Der Leitstern: Die Unternehmensvision

In der Regel verfolgt jedes Unternehmen eine bestimmte Philosophie, auch Vision genannt. Sie gibt die Marschrichtung des Unternehmens vor.

Eine Vision legt fest, was das Unternehmen erreichen möchte. Die Frage lautet hier: Wo wollen Sie hin? Der Zeithorizont spielt dabei eher eine untergeordnete Rolle. Die Vision hat somit eine »Leitsternfunktion« für das Unternehmen. Sie wird meistens von der obersten Führungsebene (dem Top-Management) vorgegeben.

Beispiele für Visionen eines Unternehmens sind:

- ✔ Wir wollen die Nummer eins auf dem Weltmarkt werden.
- ✔ Wir wollen Kostenführer werden.
- ✔ Wir wollen die Besten in Sachen Service sein.

Das Top-Management der Quietscheentchenfabrik Entenmann & Söhne einigt sich hingegen auf die Vision, Weltmarktführer zu werden.

Unternehmensleitbilder

Nachdem nun durch die Vision klar ist, was Ihr Unternehmen erreichen möchte, wird in den Unternehmensleitbildern festgelegt, wie Ihre Mitarbeiter und Kollegen das erreichen können.

Unternehmensleitbilder, auch Führungsgrundsätze genannt, geben den Mitarbeitern einen bestimmten Verhaltenskodex vor. Dieser soll dabei helfen, die

Vision des Unternehmens auch tatsächlich wahr werden zu lassen.

Unternehmensleitbilder können wie folgt aussehen:

✔ Wir arbeiten leistungsorientiert und unterstützen uns gegenseitig.

✔ Wir messen uns an der Zufriedenheit der Kunden.

Auf diese Leitbilder einigt man sich auch bei Entenmann & Söhne.

En détail: Die Unternehmensziele

Während die Vision und die Unternehmensleitbilder noch relativ vage formuliert sind, geht es bei den Unternehmenszielen endlich ans Eingemachte.

Unternehmensziele präzisieren die Vision und die Leitbilder eines Unternehmens. Sie sind konkret messbar und eindeutig ausformuliert. Innerhalb der verschiedenen Unternehmensziele können Sie zudem hierarchisch vorgehen und Ober- und Unterziele definieren.

Aus der Vision von Entenmann & Söhne, Weltmarktführer zu werden, werden somit präzise Ziele abgeleitet, mit deren Hilfe besagte Vision in die Realität umgesetzt werden soll.

Das Top-Management einigt sich auf folgende Ziele, wobei das erste Ziel das Topziel darstellt:

✔ »Entenmann & Söhne stellt die schönsten und besten Badeenten her.«

- ✔ »Entenmann & Söhne baut seinen Marktanteil kontinuierlich aus.«
- ✔ »Jedes neue Jahr soll das beste Geschäftsjahr in der Unternehmensgeschichte werden.«

Das Top-Management ist sich sicher, dass das Unternehmen durch die Erreichung dieser Unternehmensziele eines Tages Weltmarktführer wird.

Unternehmensziele sind ein Mittel zum Zweck, die angestrebten Unternehmensvisionen in die Realität umzusetzen.

Die passenden Strategien entwickeln

Jetzt haben Sie also eine Vielzahl von Unternehmenszielen. Für die Erreichung dieser Zeile gilt es nun, passende Strategien zu entwickeln.

Bei der Entwicklung von Strategien geht es darum, die festgelegten Unternehmensziele weiter zu konkretisieren. Sie überlegen sich hier, wie Sie die gesteckten Ziele erreichen können.

Das Topziel »Entenmann & Söhne stellt die schönsten und besten Badeenten her« ist beispielsweise dann erreicht, wenn

- ✔ die Kundenzufriedenheit hoch ist,
- ✔ das Urteil der Fachpresse himmelhochjauchzend ist,
- ✔ Design und die Qualität der Produkte tipptopp ist,

Für das zweite Ziel, den steigenden Marktanteil, ist die Strategie eigentlich recht einfach. Der Marktanteil soll

- ✔ durch den Ausbau der Vertriebswege,
- ✔ durch verstärkte Werbeaktivitäten und
- ✔ die Umsetzung des Topziels

ausgebaut werden.

Das dritte Ziel (»Jedes neue Jahr soll das beste Geschäftsjahr in der Unternehmensgeschichte werden«) kann erreicht werden, wenn

- ✔ die ersten beiden Ziele geschafft,
- ✔ das Unternehmen ständig die internen Prozesse optimiert und
- ✔ die Mitarbeiter hoch motiviert und engagiert sind.

Jetzt müssen Sie sich Gedanken darüber machen, wie Sie diese Strategien in die Tat umsetzen. Durch konkrete Aktionen machen Sie schließlich Butter bei die Fische. Oder besser gesagt, bei die Enten.

Konkrete Aktionen erarbeiten

Für die Strategien bei Entenmann & Söhne werden nun konkrete Aktionen erarbeitet. Beim Topziel gibt es bereits zwei grobe Richtungen, für die Aktionen entwickelt werden sollen:

- ✔ Das Design
- ✔ Die Qualität

Achten Sie darauf, dass die Aktionen auch messbar sind. Sprich: dass sie sich in Kennzahlen abbilden lassen.

Die konkreten Aktionen zum Design (D1 bis D4) lauten:

✔ **D1:** Alle Mitarbeiter aus der Abteilung Design sollen vermehrt an Fortbildungen, Messen und Tagungen teilnehmen und dadurch neue Ideen einbringen.

✔ **D2:** Die Firma will langfristig mindestens zwei Praktikantenplätze für Studierende aus der Fachrichtung Design schaffen. Dies soll für frischen Wind in der Designabteilung sorgen.

✔ **D3:** Die Designabteilung soll bei der Produktentwicklung bereits von Anfang an integriert werden.

✔ **D4:** Die Designabteilung soll ein höheres Budget erhalten, um ihre Arbeitsmittel ständig auf dem neuesten Stand halten zu können.

Die Aktionen zur Qualitätssteigerung und -sicherung (Q1 bis Q3) sehen so aus:

✔ **Q1:** Es soll ein Qualitätsmanagement mit zwei Qualitätsbeauftragten aufgebaut werden. Das entsprechende Budget wird sofort bereitgestellt.

✔ **Q2:** Die Firma wird alle sinnvollen Qualitätsaudits durchführen.

Als Audit bezeichnet man die Untersuchung von bestehenden Abläufen. Qualitätsaudits sind im Grunde also Prüfungen, die untersuchen, wie ernst das Thema Qualität im Unternehmen genommen wird.

✔ **Q3:** Alle Mitarbeiter der Firma sollen im Laufe der nächsten zwölf Monate mindestens ein Seminar zum Thema Qualität besuchen.

Das zweite strategische Ziel, der Ausbau des Marktanteils, soll neben den obigen D- und Q-Aktionen mit folgenden Vertriebs- und Marketingaktionen (V&M1 bis V&M4) erreicht werden:

- ✔ **V&M1:** Es soll sofort mit der Planung zur räumlichen Expansion begonnen werden. Das heißt, dass in allen EU-Ländern, der Schweiz, USA, Kanada, Japan, Südkorea und China Vertriebs- und Marketingbüros gegründet werden sollen, sofern es in diesen Ländern noch keine geben sollte.

- ✔ **V&M2:** Parallel dazu soll ein schrittweiser Aktionsplan zur Intensivierung des Vertriebs in den einzelnen Ländern erarbeitet werden. In diesem Plan wird beschrieben, wie und welche neuen Vertriebswege erschlossen werden sollen.

- ✔ **V&M3:** Das Gehalt aller Vertriebsmitarbeiter wird sich ab dem nächsten Jahr aus einem festen und einem variablen, erfolgsabhängigen Teil zusammensetzen.

- ✔ **V&M4:** Alle Vertriebsmitarbeiter müssen pro Jahr mindestens zwei Vertriebsschulungen besuchen.

Das dritte strategische Ziel, Jahr für Jahr neue finanzielle Rekorde aufzustellen, gelingt nicht nur, wenn die anderen Ziele erreicht werden. Zusätzlich werden dafür folgende Aktionen (F1 bis F3) aufgesetzt:

- ✔ **F1:** Das Target Costing wird flächendeckend eingeführt.

- ✔ **F2:** Die Einkaufsabteilung wird mit der Controllingabteilung zu einem Bereich fusioniert, damit beide Abteilungen enger zusammenarbeiten.
- ✔ **F3:** Es wird ein Projekt gestartet, bei dem das Unternehmen nach Einsparmöglichkeiten durchforstet wird.

Abbildung 4.1 zeigt Ihnen nun noch mal zusammenfassend den Weg von der Unternehmensvision zu konkreten Aktionen.

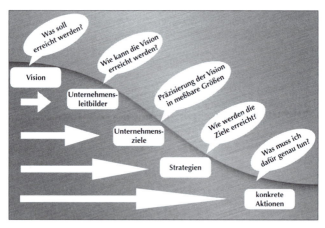

Abbildung 4.1: Von der Unternehmensvision zu den konkreten Aktionen

Die passenden Kennzahlen suchen und finden 5

> **In diesem Kapitel**
> ✔ Kennzahlen für die konkreten Aktionen entwickeln
> ✔ Passende Kennzahlen anhand von Beispielen erklärt

Zugegeben, Zahlengläubigkeit ist nicht immer angebracht. Aber für die Balanced Scorecard sind Zahlen leider unabdingbar. Im Folgenden erfahren Sie, wie Sie es schaffen, Ihre aus den Strategien abgeleiteten Aktionen in hübsche Kennzahlen zu verpacken.

Lasst Zahlen sprechen

Im vorherigen Kapitel wurden konkrete Aktionen entwickelt, mit denen die Unternehmensvision in die Realität umgesetzt wird. Diese müssen im nächsten Schritt mit Kennzahlen ausgestattet werden, damit Sie verfolgen können, inwieweit die Aktionen erfolgreich umgesetzt werden konnten.

 Manchmal müssen Sie bei der Umsetzung von konkreten Aktionen in Kennzahlen etwas kreativ sein. Wir zeigen Ihnen nun an den Aktionen von Entenmann & Söhne, wie Sie diese in knallharte Kennzahlen umsetzen.

Kennzahlen für die Designer entwerfen

Aktion D1

Design ist bekanntlich Geschmackssache. Sagt zumindest der naive Außenstehende. Wer mit offenen Augen über die Straße läuft, erkennt vielleicht den einen oder anderen Trend. Vor zehn Jahren hatten viele Autos kleine, hässliche Kulleraugen, heute sind es eher große aggressiv, äh, forsch geschnittene Scheinwerfer. Der unbedarfte Verbraucher fragt sich, ob die Designer vielleicht ein paar Jahre vorher auf demselben Seminar waren oder dieselbe Zeitschrift abonniert haben. Eines ist jedoch sicher: Direkte Kennzahlen zur Erfolgsmessung kann es bei diesem Thema nicht geben. Indirekte Kennzahlen, wie etwa die Freude am Job oder Weiterbildungswilligkeit, müssen her.

Alle Mitarbeiter aus der Abteilung Design sollen vermehrt an Fortbildungen, Messen und Tagungen teilnehmen und dadurch neue Ideen einbringen.

Die Kennzahl könnte hier so aussehen:

✔ Durchgeführte Maßnahmen pro Mitarbeiter aus der Designabteilung

Aktion D2

Die Firma will mindestens zwei dauerhafte Praktikantenplätze für Studierende aus der Fachrichtung Design schaffen. Dies soll für zusätzlichen frischen Wind in der Designabteilung sorgen.

Die Kennzahl könnte aus folgenden Einflussgrößen bestehen:

✔ Praktikantenplätze
✔ Anwesenheit von Praktikanten in Tagen pro Jahr

Aktion D3

Die Designabteilung soll bei der Produktentwicklung bereits von Anfang an integriert werden.

 Hier könnten Sie eine Kennzahl auf Basis einer Befragung der Designabteilung erstellen. Pro Produkt muss die Designabteilung ein Statement über ihre Beteiligung abgeben. Das könnte mit Hilfe von Schulnoten geschehen. Kennzahlen für diese Aktion können sein:

✔ Anzahl der Produktvarianten

✔ Anzahl der neuen Produkte pro Jahr

Aktion D4

Die Designabteilung soll ein höheres Budget erhalten, um ihre Arbeitsmittel auf dem neuesten Stand halten zu können.

Hier könnten Sie folgende Kennzahl bilden:

✔ Sachkosten je Mitarbeiter in der Designabteilung

Kennzahlen zur Qualität

Das Thema Qualität lässt sich im Vergleich zum Thema Design wesentlich besser in Kennzahlen packen. Hier wird sehr genau gemessen. In den Produktionslinien hängen oftmals die Ausschussquoten der vergangenen Schicht in ppm aus. Ppm steht für Parts per Million, also Teile einer Million. Prozentwerte sind dagegen ein mittelalterliches Messrelikt. Nicht nur in der Produktion kann die Qualität ziemlich gut gemessen werden. Im

Serviceumfeld bieten sich ebenfalls massenweise Kennzahlen an: Anzahl der Beschwerden oder Garantiefälle und so weiter.

Aktion Q1

Es soll ein Qualitätsmanagement mit zwei Qualitätsbeauftragten aufgebaut werden. Das entsprechende Budget wird sofort bereitgestellt.

 Hier bieten sich folgende Kennzahlen an:

- ✔ Die Anzahl der Garantiefälle pro Monat
- ✔ Die Ausschussquoten
- ✔ Die Bewertungen der Produkte durch die einschlägigen Testzeitschriften

Aktion Q2

Die Firma wird alle sinnvollen Qualitätsaudits durchführen.

Lassen Sie hier das neue Qualitätsmanagement doch messen, wie gut oder schlecht Ihr Unternehmen bei den internen Qualitätsaudits abschneidet.

Aktion Q3

Alle Mitarbeiter der Firma sollen im Laufe der nächsten zwölf Monate jeweils mindestens ein Seminar zum Thema Qualität besuchen.

Wie bei D1 können Sie hier die Anzahl der durchgeführten Maßnahmen je Mitarbeiter messen.

Kennzahlen zu den Vertriebs- und Marketingaktionen

Aktion V&M 1

Es soll sofort mit der Planung zur räumlichen Expansion begonnen werden. Das heißt, dass in allen EU-Ländern, der Schweiz, USA, Kanada, Japan, Südkorea und China Vertriebs- und Marketingbüros gegründet werden sollen, sofern es in diesen Ländern noch keine geben sollte.

Aktion V&M 2

Parallel dazu soll ein schrittweiser Aktionsplan zur Intensivierung des Vertriebs in den einzelnen Ländern erarbeitet werden. In diesem Plan wird beschrieben, wie und welche neuen Vertriebswege erschlossen werden sollen.

Hier könnten folgende Kennzahlen gemessen werden sowie die zugehörigen Absatz- und Umsatzzahlen:

✔ Anzahl der vorhandenen Vertriebswege
✔ Anzahl der Verkaufsstellen

Aktion V&M 3

Das Gehalt aller Vertriebsmitarbeiter wird sich ab dem nächsten Jahr aus einem festen und einem variablen, erfolgsabhängigen Teil zusammensetzen.

Die Umstellung der Gehaltsstruktur ist eine einmalige Sache. Hier benötigen Sie keine Kennzahl. An dieser Stelle ließe sich eher der Grad der persönlichen Zielerreichung der Mitarbeiter als Kennzahl verwenden. Aber bitte immer fein aggregieren, damit Sie nicht zu persönlich werden!

Aktion V&M4

Alle Vertriebsmitarbeiter müssen zukünftig pro Jahr mindestens zwei Vertriebsschulungen besuchen.

Und noch eine Kennzahl aus dem Bereich Fortbildung. Diese ist jedoch recht einfach zu ermitteln: Setzen Sie hier die Anzahl der Schulungen pro Mitarbeiter ein.

Kennzahlen zu den finanziellen Rekorden

Die Kennzahlen zur finanziellen Perspektive stellen in aller Regel ganz traditionell die bisherige Ertrags- und Vermögenslage dar. Ein wenig progressiver wird es, wenn Sie verhaltensgesteuerte Elemente einbeziehen. Dazu zählt zum Beispiel das Target Costing.

Aktion F1

Das Target Costing wird flächendeckend eingeführt.

Hier kommen klassische Finanzkennzahlen zum Zug, die den Erfolg des Target Costing messen sollen, zum Beispiel Ertragskennzahlen.

Aktion F2

Die Einkaufsabteilung wird mit der Controllingabteilung zu einem Bereich fusioniert, damit beide Abteilungen enger zusammenarbeiten.

Mit dieser Umorganisation sind ja auch Erwartungen verknüpft, wie etwa bessere Einkaufskonditionen und vereinfachte und schlankere kaufmännische Prozesse.

Also messen Sie hier einfach:

✔ Die Entwicklung der Einkaufskonditionen
✔ Die Prozessgeschwindigkeiten im kaufmännischen Bereich

Aktion F3

Es wird ein Projekt gestartet, bei dem das Unternehmen nach Einsparmöglichkeiten durchforstet wird.

Hat das Projekt Erfolg, müsste der Gewinn steigen. Also bieten sich hier wieder klassische Finanzkennzahlen wie etwa die Eigenkapitalrentabilität an.

 Ebenso wie die Anzahl konkreter Aktionen ist auch die Palette der daraus resultierenden Kennzahlen nahezu unendlich. Wir haben Ihnen anhand unseres Beispiels lediglich aufgezeigt, wie Sie je nach Fragestellung zu einer entsprechenden Kennzahl kommen können. Welche Kennzahlen das in Ihrem konkreten Fall sind, hängt letzten Endes allein von den Aktionen ab, die Sie für Ihr Unternehmen herausgearbeitet haben.

Bevor wir Ihnen in den folgenden Kapiteln zeigen, wie Sie aus den in den bisherigen Schritten erarbeiteten Bausteinen eine Balanced Scorecard aufbauen, fassen wir für Sie das Bisherige erst noch einmal grob in Abbildung 5.1 zusammen, denn ein Bild sagt ja bekanntlich mehr als tausend Worte ...

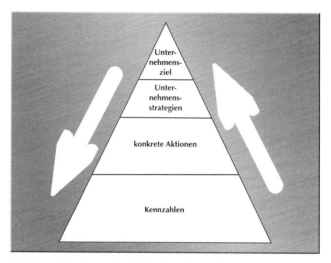

Abbildung 5.1: Bausteine für die Erstellung einer Balanced Scorecard

Teil III

Aufbau einer Balanced Scorecard

Die obere Linie zeigt unsere Einnahmen, die mittlere unseren Bestand und die untere meinen Haarausfall im selben Zeitraum.

In diesem Teil ...

... geht es darum, Ordnung in den kunterbunten Strauß aus Kennzahlen zu bringen. Sie erfahren, wie Sie Ihre Kennzahlen nach den jeweiligen Perspektiven sortieren können. Zudem verraten wir Ihnen, wie Sie die mittlerweile geordneten Kennzahlen dann hierarchisieren.

Also ran an die Buletten ... äh ... Kennzahlen!

Kennzahlen nach den Perspektiven sortieren 6

> *In diesem Kapitel*
> ✔ Die Kennzahlen nach den vier Perspektiven sortieren

Sie haben aus dem Unternehmensziel bereits sinnvolle Kennzahlen abgeleitet. Damit haben Sie aber leider noch überhaupt keine Struktur, die in etwa der einer Balanced Scorecard entspräche – also eine Ausrichtung Ihrer Aktionen und Kennzahlen nach den vier Perspektiven der Balanced Scorecard. Dies folgt in den nächsten Schritten. Dabei werden die bisher ermittelten Kennzahlen verfeinert.

 Die Kennzahlen für die Balanced Scorecard sollten auch konkrete Zielmarken enthalten. Nur so kann jeder Mitarbeiter einschätzen, ob seine Arbeitsergebnisse den Zielen der Balanced Scorecard nahekommen oder ob Verbesserungsbedarf besteht.

Die Finanzperspektive

Wir beginnen mit den Kennzahlen zur Finanzperspektive. Hierzu gehören alle Kennzahlen zum Target Costing (Aktion F1) und aus dem Einsparungsprojekt (Aktion F3). Für die Balanced Scorecard werden folgende Kennzahlen berechnet:

✔ (1) **Absoluter Gewinn:** Nachdem das Target Costing angewendet wird, müsste der Gewinn eigentlich steigen.

Hier wird für die nächsten beiden Jahre ein absoluter Gewinn von mindestens 100 Millionen Euro pro Jahr erwartet.

- ✔ (2) **Eigenkapitalrendite = Gewinn ÷ Eigenkapital**: Hiermit können Sie verfolgen, ob sich die Eigenkapitalrendite nach dem Einsatz des Target Costing verbessert hat. Zur Erinnerung: Die Eigenkapitalrendite stellt die Verzinsung des von den Anteilseignern in das Unternehmen gesteckten Kapitals dar.

   Die Firmenleitung will zumindest eine Eigenkapitalrendite in Höhe von 26 Prozent pro Jahr erzielen, weniger wäre Peanuts. Das bedeutet, dass bei dem derzeit eingesetzten Eigenkapital von 380 Millionen Euro 100 Millionen Euro Gewinn her müssen.

- ✔ (3) **Fixkostenentwicklung:** Das Einsparungsprojekt ist dann ein Erfolg, wenn die Fixkosten sinken.

- ✔ (4) **Entwicklung der variablen Kosten:** Wenn durch das Einsparungsprojekt auch die variablen Kosten sinken würden, wäre das eine feine Sache. Die fixen und variablen Kosten dürfen demnach in diesem Jahr maximal bei 300 Millionen Euro liegen.

- ✔ (5) Die **Umsatzerlöse** ordnen wir für Sie hier in die Finanzperspektive ein. Hier liegt die Messlatte bei 400 Millionen Euro pro Jahr.

- ✔ (6) Der **Grad der persönlichen Zielerreichung** bei allen Mitarbeitern ist ebenfalls der Finanzperspektive zuzurechnen. Denn: Die persönliche Zielerreichung wird bei Entenmann & Söhne zu 90 Prozent aus der Eigenkapitalrendite, dem Gewinn und den Umsatzerlösen ermittelt. Nur die restlichen 10 Prozent stammen aus der Bewertung der Mitarbeiter durch ihre jeweiligen Vorgesetzten.

> ### *Zielvereinbarung abschließen*
> Inhalt einer Zielvereinbarung ist meist die Einhaltung bestimmter Planwerte im nächsten Jahr. Hieraus soll die Zieltantieme des Mitarbeiters im nächsten Jahr ermittelt werden. Meist geht es nicht nur um schnöden Mammon, sondern auch um die Karrierechancen und die Motivation der Mitarbeiter. Wie eine Zielvereinbarung aussehen kann, zeigt die nächste Tabelle.

Zielvereinbarung 2010			
Abteilung 214			
Name: Gerneabteilungsleiter			
Zielart	Gewichtung	Punkte	gewichtete Punkte
A. Persönliche Ziele			
1. Einhaltung Vorgabe Kostenstellenergebnis	40%		
2. Einhaltung Vorgabe Steigerung Erlöse	30%		
3. Durchführung Pflichtseminare	20%		
4. Beurteilung der Mitarbeiterführung	10%		
	100%	80%	

B. Unternehmenserfolg				
1. Gewinnsituation	70%			
2. Marktanteil	30%			
	100%	20%		
Gesamtpunktzahl				
Erläuterung:				
- Es werden Punkte auf einer Skala von 1 bis 10 vergeben.				
- Die erreichten Punkte werden mit dem jeweiligen Prozentsatz gewichtet.				
- 50 Prozent der Maximalpunktzahl (zehn gewichtete Punkte) entsprechen einer Zieltantieme von 100 Prozent.				

✔ (7) Sollten sich die **Einkaufskonditionen** verbessern, ist das womöglich der Umorganisation und damit der Prozessperspektive zuzuschreiben. Vielleicht haben aber auch andere Einflussfaktoren eine Rolle gespielt. Auf jeden Fall verringern sich dann die Kosten. Also wird diese Kennzahl der Finanzperspektive zugeordnet.

Für die Finanzperspektive wurden somit die folgenden sieben Kennzahlen ausgewählt:

1. **Absoluter Gewinn**
2. **Eigenkapitalrendite**
3. **Fixkostenentwicklung**
4. **Variable Kosten**
5. **Absolute Umsatzerlöse**
6. **Grad der persönlichen Zielerreichung bei den Mitarbeitern**
7. **Einkaufskonditionen**

Die Prozessperspektive

Die Prozessperspektive beschäftigt sich mit der internen Wertschöpfungskette. Kaplan und Norton haben die interne Wertschöpfungskette in drei Themengebiete unterteilt:

- Produktion: Umfasst die internen Prozesse rund um die laufende Produktion, das Alltagsgeschäft
- Innovationen: Umfasst alle internen Prozesse, die mit Forschung und Entwicklung neuer Produkte zu tun haben
- After Sales: Umfasst alle Serviceprozesse nach dem Verkauf der Produkte, wie etwa Zubehörverkauf oder Garantieleistungen

✔ (8) Zur Prozessperspektive gehören alle Themen, die mit der Arbeitsorganisation zusammenhängen, also auch die beiden aus der Aktion D3 (Beteiligung an der Produktentwicklung) abgeleiteten Kennzahlen (Anzahl der Produktvarianten und Anzahl der neuen Produkte pro Jahr). Die erste Kennzahl zur Prozessperspektive ist das **Statement der Designabteilung**, das sich irgendwo zwischen der Note 1 und 6 bewegt. Die Benotung darf nicht schlechter als 3,0 sein, sonst müssen sich alle Beteiligten unverzüglich an einen Tisch setzen und Verbesserungen erarbeiten.

✔ (9) Die **Anzahl der unterschiedlichen Produktvarianten** ist die zweite Kennzahl der Prozessperspektive. Hier werden mindestens zehn neue Produktvarianten pro Jahr erwartet. Alle neuen Produktvarianten müssen selbstverständlich eine Wirtschaftlichkeitsprüfung durchlaufen.

Sollte eine neue Produktvariante diese Prüfung nicht bestehen, wird sie verworfen.

✔ (10) **Anzahl der neuen Produkte pro Jahr** ist die dritte Kennzahl der Prozessperspektive. Das Ziel: Pro Quartal soll ein neues Produkt auf den Markt kommen. Hier zählen natürlich nur Produkte, die einen vernünftigen Business Case vorweisen können. Potenzielle Verlustbringer zählen also nicht dazu.

✔ (11) Die **Sachkostengemeinkosten pro Mitarbeiter der Designabteilung** geben darüber Auskunft, ob das Equipment in der Designabteilung noch auf der Höhe der Zeit ist. Hier gibt es keinen absoluten Zielwert; vielmehr wird auf eine enge Abstimmung zwischen der Fachabteilung und dem Controlling vertraut.

✔ (12) Die **internen Qualitätsaudits** bewerten die Güte der Arbeitsprozesse: je besser die Noten, desto besser die Arbeitsprozesse. Das Qualitätsmanagement bedient sich dabei wohlklingender Kennzahlen wie *First Pass Yield* oder *On Time Delivery*. Diese Kennzahlen sollen bei mindestens 95 Prozent liegen.

✔ (13) Das Qualitätsmanagement misst ab sofort, **wie viel Zeit der kaufmännische Bereich für Anfragen des Vertriebs und der Produktion benötigt**. Hier zählt nur die Geschwindigkeit. Keine Sorge, die Qualität kommt schon nicht unter die Räder, da diese in andere Kennzahlen einfließt. Das Qualitätsmanagement misst hier mittels der Kennzahl *Cycle Time* ein paar Prozesse wie etwa die durchschnittliche Antwortzeit des kaufmännischen Bereichs auf Anfragen der Fachabteilungen. Das Ziel: 80

Prozent der schriftlichen Anfragen (meist per E-Mail) sollen innerhalb von 24 Stunden beantwortet sein.

> ### Was heißt denn »First Pass Yield«?
> Unter First Pass Yield versteht man den Prozentsatz an Arbeitsergebnissen, die nach dem ersten Durchlauf bereits in Ordnung sind. Oder umgekehrt: je besser dieser Wert, desto niedriger die Fehlerquote. Und unter On Time Delivery versteht man die zeitliche Zuverlässigkeit. Hier misst man, ob Zeit- und Terminvorgaben eingehalten wurden: zum Beispiel, ob Ware termingerecht ausgeliefert wurde oder ob neue Produkte zum angekündigten Zeitpunkt fertig entwickelt sind.

Für die Prozessperspektive gibt es damit sage und schreibe sechs Kennzahlen:

8. **Statement der Designabteilung**
9. **Anzahl der neuen Produktvarianten pro Jahr**
10. **Anzahl der neuen Produkte pro Jahr**
11. **Sachgemeinkosten pro Mitarbeiter in der Designabteilung**
12. **Noten der Qualitätsaudits**
13. **Dauer für die Beantwortung kaufmännischer Fragen**

Die Lernperspektive

Bei der Lernperspektive geht es um Weiterentwicklung der Mitarbeiter. Daneben geht es hier auch um die Motivation und

Zielausrichtung der Mitarbeiter. Ohne motivierte und ständig mit neuestem Wissen ausgestattete Mitarbeiter läuft eben wenig.

- ✔ (14) Man lernt nie aus: Pro Mitarbeiter ein **besuchtes Seminar zum Thema Qualität – pro Jahr**! Das soll die Arbeitsabläufe verbessern.
- ✔ (15) Lebenslanges Lernen: Jeder Vertriebler muss **pro Jahr ein Seminar zum Thema Verkauf und Vertrieb besuchen**. Das soll den Absatz fördern.
- ✔ (16) Die Designer dürfen auch auf Fortbildungen, Tagungen und und und. Hier messen Sie einfach die **Anzahl der durchgeführten Weiterbildungsmaßnahmen pro Designer**.
- ✔ (17) **Praktikanten**, die klassische Win-win-Situation: Die Praktikanten sammeln Praxiserfahrung in der Designabteilung, und die alten Füchse bekommen ein wenig frischen Wind um die Nase. Außerdem sind Praktikanten relativ günstig zu unterhalten. Das Ziel ist hier erfüllt, wenn die Praktikanten in Summe auf 400 Arbeitstage pro Jahr kommen.

Für die Lernperspektive gibt es somit vier Kennzahlen:

14. **Anzahl der besuchten Qualitätsseminare pro Mitarbeiter**
15. **Anzahl der besuchten Vertriebsseminare pro Vertriebsmitarbeiter**
16. **Durchgeführte Weiterbildungsmaßnahmen pro Mitarbeiter der Designabteilung**
17. **Anzahl der Arbeitstage aller Praktikanten**

Die Kundenperspektive

Diese Perspektive widmet sich dem unbekannten Wesen Kunde sowie der Erforschung der Märkte.

- ✔ (18) **Anzahl der Garantiefälle im Verhältnis zur verkauften Menge pro Monat**: je geringer diese Quote, desto zufriedener die Kunden. Angestrebt wird eine Quote von maximal 1 Prozent.

- ✔ (19) **Testurteile in den einschlägigen Testzeitschriften**: Bei diesen Tests sind Spitzenergebnisse ein Muss! Dies bedeutet, dass alle getesteten Produkte mindestens mit »Gut« bewertet sein sollten.

- ✔ (20) **Anzahl der vorhandenen Vertriebswege und Verkaufsstellen:** je mehr Vertriebswege, desto höher die Wahrscheinlichkeit, dass potenzielle Kunden Ihre Produkte sehen und kaufen. Das Ziel: Die Anzahl der Verkaufsstellen soll sich pro Jahr um jeweils 15 Prozent erhöhen.

- ✔ (21) **Absatzzahlen** packen wir in die Kundenperspektive. Denn ein höherer Absatz, gemessen in verkauften Stück, ist auch ein Indikator der Kundenzufriedenheit. Die Absatzzahlen sollen pro Jahr um mindestens 20 Prozent gesteigert werden.

Für die Kundenperspektive existieren damit vier Kennzahlen:

18. Garantiefallquote

19. Externe Testergebnisse

20. Wachstumsrate der Verkaufsstellen

21. Wachstumsrate der Absatzzahlen

Natürlich können Sie für die Kundenperspektive noch viele, viele andere Kennzahlen verwenden. Die Klassiker:

- ✔ Kundentreue
- ✔ Kundenzufriedenheit
- ✔ Kundenrentabilität.

Die Kennzahl Kundentreue kommt für Sie natürlich nur in Frage, wenn Sie oder Ihre IT die Kunden persönlich kennen sollten. Die Kennzahl Kundenzufriedenheit ist eine recht subjektive Angelegenheit, die meist auf Umfrageergebnissen basiert. Wenn es Sinn ergibt, warum nicht. Last but not least: Die Kennzahl Kundenrentabilität kann ziemlich entscheidend sein. Im Idealfall optimieren Sie Ihre Kundenstruktur nach dieser Kennzahl.

Kennzahlen hierarchisieren 7

In diesem Kapitel
- ✔ Die Kennzahlen-Spreu vom Kennzahlen-Weizen trennen
- ✔ Ordnung in den Kennzahlensalat bringen

Nachdem die Kennzahlen für die Balanced Scorecard ausgewählt wurden, werden im nächsten Schritt die Kennzahlen hierarchisiert, das heißt, man sucht nach Abhängigkeiten zwischen den Kennzahlen. Das hat einen einfachen Grund: Sie können nicht alle ausgewählten Kennzahlen in Ihre Balanced Scorecard packen. Das wäre zu viel für ein Blatt Papier. Sie können auch nicht einfach ein paar Kennzahlen weglassen, die Ihnen nicht so wichtig erscheinen. Dann würden Informationen verloren gehen. Daher diese ominöse Hierarchisierung. So sollen die Informationen von weniger wichtigen Kennzahlen in übergeordnete Kennzahlen mit einfließen.

 Es ist am besten, wenn Sie sich zu Beginn dieses Arbeitsschrittes Gedanken darüber machen, wie viele Kennzahlen pro Perspektive in Ihre Balanced Scorecard sollen. Entsprechend rigide oder locker können Sie dann hier vorgehen.

In unserem Beispiel packen wir pro Perspektive maximal zwei Kennzahlen in die Balanced Scorecard. So wird die Balanced Scorecard einigermaßen übersichtlich.

Hierarchisierung der Finanzkennzahlen

Kennzahlen hängen oft eng miteinander zusammen. Jetzt wird anhand der Wirkungsketten hierarchisiert.

✔ Die Kosten- und Erlöskennzahlen *Fixkostenentwicklung*, *Entwicklung der variablen Kosten* und *absolute Umsatzerlöse* beeinflussen die Kennzahl *absoluter Gewinn*. Denn je niedriger die Kosten, desto höher der Gewinn.

✔ Die Kennzahl *Eigenkapitalrendite* wiederum ist vom absoluten Gewinn abhängig. Je höher dieser ausfällt, desto besser ist die Eigenkapitalrendite.

✔ Die Kennzahl *persönliche Zielerreichung* bildet noch einmal die Kennzahlen *absolute Umsatzerlöse* und die *Eigenkapitelrendite* ab und kann deshalb in der Balanced Scorecard weggelassen werden.

✔ Die Kennzahl *Einkaufskonditionen* fließt bereits in die Kennzahlen *Fixkostenentwicklung* und *Entwicklung der variablen Kosten* ein.

Zu verwirrend? Abbildung 7.1 schafft hoffentlich Klarheit.

Die Eilrendite soll in der Finanzperspektive als einzige Kennzahl genügen. Denn alle genannten Kennzahlen fließen in die Eigenkapitalrendite ein.

Hierarchisierung der Prozesskennzahlen

Die Prozesskennzahlen können Sie auch nach den Wirkungen einordnen, also nach der Frage, ob die Kennzahl X die Kennzahl Y beeinflusst.

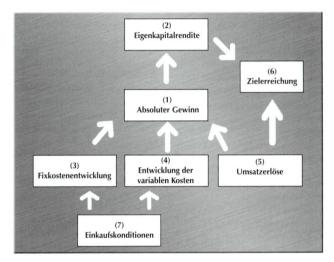

Abbildung 7.1: Hierarchisierung der Finanzkennzahlen

✔ Die Kennzahl *Statement der Designabteilung zur Beteiligung an der Produktentwicklung* beeinflusst aus unserer Sicht die Kennzahlen *Anzahl der neuen Produktvarianten pro Jahr* und *Anzahl der neuen Produkte pro Jahr*. Wir unterstellen hier, dass die Designabteilung umso stärker mitreden darf je mehr neue Produktvarianten und Produkte es gibt.

✔ Für die Kennzahl *Sachgemeinkosten pro Mitarbeiter in der Designabteilung gilt:* Je höher das Budget der Designer ist, desto höher ist die Wahrscheinlichkeit, dass es mehr Produktvarianten und neue Produkte pro Jahr gibt.

- ✔ Das gleiche Spiel bei der Kennzahl *Noten der Qualitätsaudits*: Bessere Prozesse sollten sich positiv auf die Produktentwicklung auswirken.
- ✔ Bei der Kennzahl *Dauer für die Beantwortung kaufmännischer Fragen* vermuten wir, dass schlankere kaufmännische Prozesse der Kreativität dienlich sind und ebenfalls positiv auf die Produktentwicklung wirken.

Die Hierarchisierung der Prozessperspektive zeigt Ihnen Abbildung 7.2.

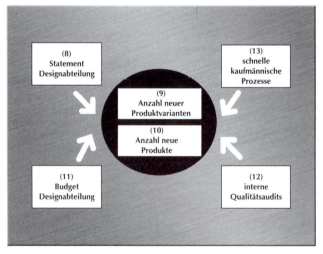

Abbildung 7.2: Hierarchisierung der Kennzahlen der Prozessperspektive

Für die Prozessperspektive werden die beiden Kennzahlen *Anzahl der neuen Produktvarianten pro Jahr* und *Anzahl der neuen Produkte pro Jahr* ausgewählt. Diese spiegeln die Ergebnisse der Prozessverbesserungen wider.

Hierarchisierung der Kennzahlen der Lernperspektive

Bei dieser Perspektive fällt die Hierarchisierung der vorhandenen Kennzahlen schwer. Zwischen den vier Kennzahlen

✔ Anzahl der besuchten Qualitätsseminare pro Mitarbeiter

✔ Anzahl der besuchten Vertriebsseminare pro Vertriebsmitarbeiter

✔ Durchgeführte Weiterbildungsmaßnahmen pro Mitarbeiter der Designabteilung

✔ Anzahl der Arbeitstage aller Praktikanten

sind keine Wirkungsketten auszumachen. Entwerfen Sie hier deshalb doch zum Beispiel einfach eine übergeordnete Kennzahl, die die Ergebnisse der vier Kennzahlen widerspiegelt. Und zwar so:

✔ Die Kennzahl *Qualitätsseminare pro Mitarbeiter* bekommt eine Bewertung. Sie erhält null Punkte, wenn lediglich null bis 60 Prozent der Mitarbeiter ein Qualitätsseminar besucht haben. Erreicht die Kennzahlen einen Wert zwischen 61 und 80 Prozent, erhält sie einen Punkt. Sollten mehr als 80 Prozent der Mitarbeiter Seminare absolviert haben, werden der Kennzahl zwei Punkte zugeordnet.

- ✔ Bei der Kennzahl *Anzahl der besuchten Vertriebsseminare pro Vertriebsmitarbeiter* wenden Sie dieselbe Systematik an: Falls lediglich null bis 60 Prozent der Vertriebsmitarbeiter Verkaufsseminare besucht haben, gibt es null Punkte und so weiter.

- ✔ Bei der Kennzahl *Durchgeführte Weiterbildungsmaßnahmen pro Mitarbeiter der Designabteilung* können Sie so vorgehen: Ist die Anzahl der durchschnittlich durchgeführten Maßnahmen pro Designer kleiner als 0,8, gibt es keinen Punkt. Zwischen 0,8 und 1,1 gibt es einen Punkt, und bei mehr als 1,1 Maßnahmen pro Designer gibt es zwei Punkte. Ein Rechenbeispiel: Die 100 Designer Ihrer Firma waren im vergangenen Jahr auf 90 Veranstaltungen. 90 geteilt durch 100 ergibt 0,9. Es gibt also einen Punkt.

- ✔ Bei der Kennzahl *Anzahl der Arbeitstage aller Praktikanten* schlagen wir vor: Ab 350 Arbeitstagen gibt es zwei Punkte, zwischen 300 und 350 Arbeitstagen einen Punkt. Waren alle Praktikanten an weniger als 300 Arbeitstagen anwesend, gibt es keinen Punkt.

Jetzt können Sie die übergeordnete Kennzahl durch einfaches Zusammenzählen der vergebenen Punkte bilden. Acht Punkte sind das Maximum, null Punkte erbärmlich. Zufrieden sind Sie ab fünf Punkten. Anhand dieser Skala können Sie auf einen Blick sehen, wie es um die Lernperspektive steht.

Abbildung 7.3 zeigt Ihnen dieses Schema nochmals in Wort und Bild.

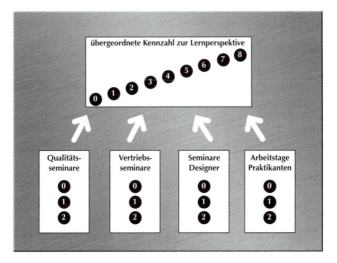

Abbildung 7.3: Hierarchisierung der Kennzahlen der Lernperspektive

Hierarchisierung der Kennzahlen aus der Kundenperspektive

Sollen Sie hier die Absatzzahlen als einzige Kennzahl auswählen? Das hier angestrebte Wachstum von mindestens 20 Prozent kann doch nur erreicht werden, wenn alle anderen Kennzahlen der Kundenperspektive erfüllt sind. Oder nicht? Leider können wir Ihnen hierauf keine eindeutige Antwort geben. Die Absatzzahlen können von den anderen Kennzahlen abhängig sein, müssen es aber nicht. Dies müssen Sie fallweise untersuchen.

So wie im Übrigen bei allen anderen Perspektiven auch, müssen Sie hier ebenfalls individuell entscheiden, wie Sie die Kennzahlen hierarchisieren.

Für die Kundenperspektive basteln wir zwei übergeordnete Kennzahlen, die diese Perspektive in der Balanced Scorecard würdig vertreten:

✔ Die erste übergeordnete Kennzahl wird aus den Kennzahlen *Garantiefallquote* und *externe Testergebnisse* gebildet, also aus den qualitätslastigen Kennzahlen:

- Die *Garantiefallquote* wird mit den folgenden Ausprägungen versehen: Liegt die Quote der Garantiefälle unter ein Prozent, gibt es zwei Punkte, liegt die Quote zwischen ein und zwei Prozent, gibt es nur einen Punkt. Ab zwei Prozent gibt es keinen Punkt.

- Die Kennzahl *externe Testergebnisse* wird ebenfalls bewertet. Fallen wenigstens 90 Prozent der Testergebnisse eines Jahres mit mindestens »Gut« aus, gibt es zwei Punkte. Zwischen 70 und 90 Prozent gibt es einen Punkt, unter 70 Prozent gibt es keinen Punkt.

Die übergeordnete Kennzahl *Garantiefälle & Testurteile* kann maximal vier Punkte erhalten. Ab drei Punkten ist die Welt in Ordnung, bei zwei Punkten besteht Handlungsbedarf und bei weniger als zwei Punkten bricht Panik aus.

✔ Die zweite übergeordnete Kennzahl bekommt den Namen *Wachstum* und wird nach dem gleichen Schema wie die übergeordnete Kennzahl *Garantiefälle & Testurteile* gebildet.

Abbildung 7.4 fasst das alles noch einmal zusammen.

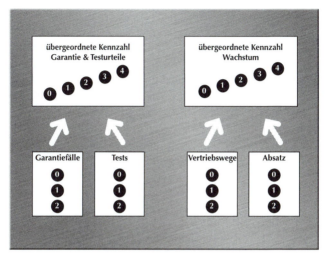

Abbildung 7.4: Hierarchisierung der Kundenperspektive

 Sie können die Punktevergabe selbstverständlich viel stärker differenzieren, indem Sie zum Beispiel null bis 100 Punkte vergeben. Zusätzlich können Sie die einzelnen untergeordneten Kennzahlen auch noch mit verschiedenen Gewichtungsfaktoren versehen, das heißt, die Punkte der einen Kennzahl werden zum Beispiel mit dem Faktor 0,8 multipliziert und die Punkte der anderen Kennzahl mit dem Faktor 1,2, da Ihnen diese Kennzahl wichtiger erscheint. Ihrer Kreativität sind hier (fast) keine Grenzen gesetzt. Sie müssen nur aufpassen, dass Sie das System am Ende selbst noch durchschauen.

Die Gewichtung der Kennzahlen muss unbedingt mit den Entscheidungsträgern im Unternehmen abgestimmt werden. Hierbei kann es durchaus zu kontroversen Diskussionen kommen, die im schlimmsten Fall auch noch ergebnislos enden. Was dann? Bevor Sie gar keine Balanced Scorecard erstellen, ist es in dieser Situation immer noch besser, eine Gewichtung entsprechend des von Ihnen empfundenen Mehrheitsbilds zu erstellen. Dann haben Sie zumindest ein Ergebnis, das Sie den Löwen zum Fraß vorwerfen, – Verzeihung – dem Management zur weiteren Entscheidungsfindung vorlegen können.

Teil IV
Erstellung und Design der Balanced Scorecard

In diesem Teil ...

... wird in die Hände gespuckt. Sprich: Es wird handwerklich. Zuerst geht es nämlich darum, wie Sie Ihre Balanced Scorecard endlich auf's Papier bringen. Danach geben wir Ihnen noch ein paar Tipps zur Aufhübschung Ihrer Balanced Scorecard und klären Sie darüber auf, was Ampeln und Tachos mit dem Thema zu tun haben. Schließlich folgen noch ein kurzer Überblick über gängige Softwarelösungen »von der Stange« sowie wertvolle Hinweise, was die Überarbeitung Ihrer Balanced Scorecard anbelangt.

Jetzt wird aber erst einmal geschraubt ...

Die Balanced Scorecard erstellen 8

> ### In diesem Kapitel
> ✔ Von der Tabellenkalkulation zur fertigen Balanced Scorecard
> ✔ Wie Sie eine Balanced Scorecard darstellen
> ✔ Die Bedeutung von Ampeln und Tachos

Nun ist es so weit: Sie haben alle erforderlichen Bausteine beisammen und erstellen jetzt endlich die eigentliche Balanced Scorecard.

Alles auf eine Karte

Die Balanced Scorecard der Firma Entenmann & Söhne wird mit der kostenlosen Software OpenOffice erstellt. Damit wird ein Betrag zur Erreichung des Ziels aus der Finanzperspektive (mindestens 26 Prozent Eigenkapitalrendite) geleistet.

Die Berechnungsgrundlage für die Finanzperspektive für die Firma Entenmann & Söhne ist sehr einfach aufgebaut. Die entscheidenden Kennzahlen *fixe und variable Kosten, absolute Umsatzerlöse* und *absolute Gewinne* werden einfach in eine OpenOffice-Tabelle eingetragen. Im Ist hat das Unternehmen eine stolze Eigenkapitalrendite von 26,32 Prozent erreicht, die nun in die Balanced Scorecard übertragen wird.

Nachdem alle Perspektiven einzelnen ausgewertet wurden, werden die entscheidenden Kennzahlen der anderen Perspektiven ebenfalls in die Tabellenkalkulation der BSC übertragen. Mit Hilfe von Diagrammen können die Ergebnisse dann ausgewertet werden. Diese können Sie dann noch ein bisschen aufhübschen und fertig ist Ihre Balanced Scorecard! Wie eine gepimpte BSC aussehen kann, zeigt Abbildung 8.1.

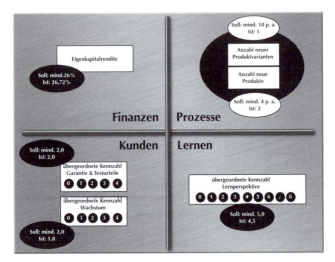

Abbildung 8.1: Eine fertige Balanced Scorecard

Auf der Balanced Scorecard können Sie nun sehen, dass die Ziele der Lern- und der Prozessperspektive in diesem Berichtsmonat nicht und dass die Ziele der Kundenperspektive nur teilweise erreicht wurden. Lediglich das Ziel der Finanzperspektive wurde erreicht.

Die Geschäftsführung von Entenmann & Söhne befürchtet nun, dass die hohe Eigenkapitalrendite nur auf Kosten der Zukunft erzielt werden konnte. Vermutlich wurden die Kosten nur deshalb im Zaum gehalten, da man notwendige Investitionen in neue Maschinen oder Software aufgeschoben hat und die Mitarbeiter nicht auf Fortbildungen geschickt wurden. Deshalb fordert die Geschäftsführung verstärkte Anstrengungen, um innerhalb der nächsten zwölf Monate die anderen Ziele ebenfalls erreichen zu können.

 Sie sollten die Balanced Scorecard idealerweise jeden Monat aktualisieren. So können alle Beteiligten zeitnah sehen, wie es um die Zielverfolgung steht.

Ampeln und Tachos

Zur optischen Aufbereitung einer Balanced Scorecard wird in der Praxis gerne auch mit optischen Stilmitteln wie Ampeln und Tacho-Diagrammen gearbeitet. Hierfür können Sie entweder fertige Vorlagen kaufen, oder Sie sparen sich das Geld und basteln ein bisschen mit Ihrem Tabellenkalkulationsprogramm herum. Wir zeigen Ihnen nun, wie Sie das auch selbst machen können beziehungsweise wo Sie entsprechende Vorlagen finden können.

Ampel-Symbole

Ampel-Symbole zeigen Ihnen auf einen Blick, wie weit Sie vom eigentlichen Plan-Wert entfernt liegen. Ist die Ampel grün, können Sie sich entspannt zurücklehnen. Bei Gelb ist Vorsicht geboten und bei Rot läuft irgendetwas definitiv nicht so, wie es laufen sollte.

Für Entenmann & Söhne könnte das dann so aussehen wie in Abbildung 8.2:

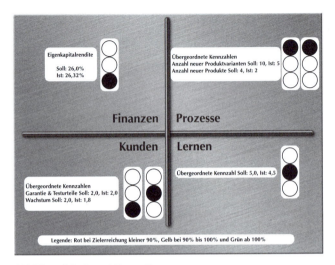

Abbildung 8.2: Ampel-Darstellung

Bei einer Zielerreichung von weniger als 90 Prozent soll die Ampel auf Rot stehen. Liegt die Zielerreichung zwischen 90 und 100 Prozent, ist Gelb angesagt. Ab 100 Prozent ist hingegen alles wahrhaftig im grünen Bereich.

Diese Ampel-Diagramme können Sie mit einem Tabellenkalkulationsprogramm recht einfach selbst erstellen. Das Zauberwort heißt hierbei *bedingte Formatierung*.

 Bedingte Formatierungen weisen einer Zelle je nach Zelleninhalt eine bestimmte, von Ihnen definierte Formatierung zu.

Das Ganze geht in einer Tabellenkalkulation wie folgt:

1. **Verweisen Sie zunächst in allen Ampelfeldern auf den jeweiligen Ist-Wert der Perspektive.**

   Bei der Eigenkapitalrendite in der Finanzperspektive steht in allen drei Feldern des Ampel-Diagramms 26,32 Prozent.

2. **Stellen Sie als Hintergrund- und Schriftfarbe in den Feldern der Ampel zunächst *weiß* ein.**

3. **Klicken Sie in das Feld der Ampel, das die Farbe *Rot* symbolisieren soll.**

4. **Klicken Sie im MENU auf FORMAT und öffnen Sie die BEDINGTE FORMATIERUNG.**

   Im Beispiel soll die Ampel auf *Rot* stehen, sobald die Zielerreichung kleiner gleich 90 Prozent ist. Also geben Sie als Bedingung ein: ZELLWERT IST KLEINER ALS. In der Formel verweisen Sie auf das Feld, in dem der Planwert steht, und multiplizieren diesen mit 0,9.

5. **Klicken Sie nun auf FORMAT und wählen Sie sowohl als Muster als auch als Schriftfarbe *rot* aus. Klicken Sie dann auf OK.**

Anschließend gehen Sie auf die Zelle, die die Farbe Gelb darstellen soll, und machen dasselbe wie oben. Mit dem kleinen Unterschied, dass die Bedingung nun heißt: ZELLWERT IST ZWISCHEN Planwert mal 0,9 und Planwert mal 1. Zudem müssen Muster und Schriftfarbe jetzt natürlich gelb sein.

Dann bearbeiten Sie die grüne Zelle. Die Bedingung lautet hier: ZELLWERT IST GRÖSSER ALS der jeweilige Planwert mal 1. Vergessen Sie nicht, Muster und Schriftfarbe auf Grün zu setzen.

Dasselbe machen Sie mit allen Kennzahlen Ihrer Balanced Scorecard, und fertig ist Ihre Ampel.

Tacho-Darstellungen

Tacho-Darstellungen zeigen Ihnen in Form eines – Sie ahnen es sicherlich schon – Tachos, wie es um die Zielerreichung Ihrer Kennzahlen bestellt ist.

Wie ein solcher Tacho für die Zielerreichung der Eigenkapitalrendite aussehen könnte, zeigt Ihnen die Abbildung 8.3:

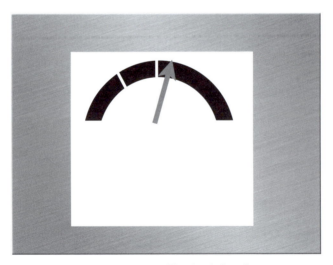

Abbildung 8.3: Tacho-Darstellung Eigenkapitalrendite

Der Nullpunkt der Tachos, also der Punkt, bei dem die Tachonadel senkrecht steht, ist die Grenze zwischen Gelb und Grün. Dort liegt nämlich die Zielerreichung exakt bei 100 Prozent.

Tacho-Darstellungen sind zwar hübsch anzusehen, jedoch in Tabellenkalkulationsprogrammen nur mit sehr viel Mühe zu erstellen. Ohne Probleme ließe sich damit ein weiterer Band der ... *für Dummies*-Reihe füllen. Deswegen verweisen wir Sie an dieser Stelle auf die unendlichen Weiten des Internets. Auf den Seiten des Herbers-Excel-Forums finden Sie beispielsweise eine hübsche Vorlage für Tacho-Darstellungen. Mit etwas Tabellenkalkulations-Knowhow können Sie diese auf Ihre Bedürfnisse anpassen. Zu finden ist diese Vorlage auf der Webseite `www.herber.de/bbs/user/4478.xls`. Viel Spaß beim Herumtüfteln!

Die jährliche Überarbeitung

Die Ziele einer Balanced Scorecard müssen spätestens alle ein bis zwei Jahre überarbeitet werden. Ansonsten kann es passieren, dass sich die gesamte Organisation an veralteten Zielvorgaben orientiert. Damit es Ihnen niemals langweilig wird, sollten Sie bei der Überarbeitung der Zielvorgaben gleich sämtliche Bausteine der Balanced Scorecard daraufhin überprüfen, ob noch alles zusammenpasst. Wenn Sie dies beherzigen, kann die Balanced Scorecard ein sinnvolles Instrument sein, um frühzeitig auf mögliche Fehlentwicklungen im Unternehmen hinzuweisen.

Laufende Steuerung und Reviews

So sollten Sie es nicht machen: Nachdem die Balanced Scorecard eingeführt wurde, wird für die Verfolgung der Zielerreichung ein Balanced-Scorecard-Team gegründet. Dort, und nur dort, werden die aktuellen Ergebnisse präsentiert und diskutiert. Ein- bis zweimal im Jahr präsentiert das Balanced-Scorecard-Team dem Management die Ergebnisse. Leider fliegt das Thema jedes zweite Mal von der Agenda des Managementmeetings, da wichtigere Dinge, zum Beispiel neue Unternehmensstrategien, besprochen werden müssen.

Komisch, war das Thema Unternehmensstrategie nicht ein wichtiger Bestandteil der Balanced Scorecard?

So ist es schon besser:

✔ **Regel Nummer 1:** Die aktuellen Stände der Zielerreichung müssen regelmäßig auf die Agenda aller Managementmeetings, mindestens aber viermal pro Jahr.

✔ **Regel Nummer 2:** Die aktuellen Ergebnisse sind an alle involvierten Mitarbeiter im Unternehmen regelmäßig zu kommunizieren. Sei es in Meetings, durch Plakate oder E-Mails.

Werden beide Regeln eingehalten, ist die Balanced Scorecard fester Bestandteil des Arbeitsalltags und kein Mauerblümchen irgendwelcher Kennzahlenfreaks, die einen sowieso nur von der Arbeit abhalten wollen.

Markterhebung: Scorecard-Software — 9

> ### *In diesem Kapitel*
> ✔ Auswahlkriterien für eine Balanced-Scorecard-Software
> ✔ Arten von Balanced-Scorecard-Software
> ✔ Produktbeispiele

Sollten Sie Ihre Balanced Scorecard bislang in Stein gemeißelt oder etwas progressiver mit Tinte auf Papier gebracht haben, drängt sich bei Ihnen vielleicht folgende Frage auf: Gibt es zeitsparendere Möglichkeiten, eine Balanced Scorecard umzusetzen? Die Antwort ist leicht und eindeutig: Ja, die gibt es. Auf dem Softwaremarkt tummeln sich relativ viele Anbieter von Balanced-Scorecard-Software.

Auswahlkriterien für Scorecard-Software

Bevor Sie jetzt aber Meißel oder Füller fallen lassen und Software einkaufen, sollten Sie zunächst Ihre Anforderungen an die Software formulieren. Welchen Funktionsumfang benötigen Sie? Am besten gründen Sie dafür einen Arbeitskreis oder eine kleine Projektgruppe. Teilnehmen sollten die Mitarbeiter, deren tägliches Brot Kennzahlen sind. Das sind meist die Controller und das Management. Dieser Personenkreis muss die inhaltlichen Anforderungen an die Balanced-Scorecard-Software formulieren.

Daneben sind auch die technischen Anforderungen zu definieren. Soll es eine Stand-alone-Lösung oder soll es ein Anhängsel an bestehende Anwendungen sein. Dazu später mehr bei den Arten von Balanced-Scorecard-Software. Weitere Auswahlkriterien sind:

✔ **Softwarezertifizierung:** Ist die Software vom *BSC Collaborative* zertifiziert, genügt sie bestimmten Mindestanforderungen der Balanced-Scorecard-Väter Kaplan und Norton.

> *Achten Sie auf das BSC-Collaborative-Sigel*
>
> Das BSC Collaborative ist eine von Kaplan und Norton gegründete Gesellschaft, die sich um die ständige Weiterentwicklung der Balanced Scorecard kümmert. Nebenbei vergibt diese Gesellschaft auch Zertifikate an Balanced-Scorecard-Software, sofern sie bestimmten Mindestanforderungen genügt.

✔ **Preis:** Ein wichtiges Entscheidungskriterium ist natürlich auch der Preis der Software. Hier aber nicht nur auf den Lizenzpreis achten, sondern auch auf eventuell anfallende Wartungskosten. Über die Jahre hinweg kommen da meist auch ganz schöne Beträge zusammen.

✔ **Webbasiert und mobil:** Ist die Anwendung webbasiert, hat das den Vorteil, dass Ihr Chef überall auf der Welt mal eben die Balanced-Scorecard-Ergebnisse einsehen kann. Am besten ist es, wenn er diese auch von seinem SmartPhone aus einsehen kann und nicht erst umständlich sein Laptop auspacken und hochfahren muss.

✔ **Schnittstellen:** Da eine Balanced Scorecard von höchst heterogenen Kennzahlen lebt, muss die Software diese aus unterschiedlichen Systemen holen können. Die Schnittstellen der Balanced-Scorecard-Software müssen daher mit den erforderlichen Systemen kompatibel sein. Dasselbe gilt auch auf der Ausgabeseite: Die Balanced-Scorecard-Software muss den Export seiner Daten in Tabellenkalkulationsprogramme zulassen, damit Sie die Daten im Bedarfsfall weiterverarbeiten können.

✔ **Drill down- und Analyse-Möglichkeit:** Schön wäre es, wenn Sie sich in die Details der Kennzahlen hineinklicken und diese statistisch auswerten können, und zwar durch alle Ebenen der Kennzahlenhierachien hindurch. Ideal wäre es, wenn dazu auch Textkommentare angezeigt werden können.

> *Drill down*
> Daten aufbohren nennt man *Drill down*. Dabei rufen Sie zuerst den gesamten Absatz für ein bestimmtes Produkt, zum Beispiel einen Eierkocher, ab. Der Absatz beträgt 10.000 Stück. Nun »drillen« Sie auf die verschiedenen Vertriebsregionen »down«:
>
> ✔ Nord: 3.000 Stück
>
> ✔ Süd: 1.000 Stück
>
> ✔ Ost: 2.000 Stück
>
> ✔ West: 3.000 Stück

Die Region »Süd« interessiert Sie besonders: Sie wollen wissen, welche Farben dort besonders gefragt sind. Sie »drillen« auf die Farben »down«:

- ✔ Rot: 300 Stück
- ✔ Blau: 500 Stück
- ✔ Gelb: 200 Stück

Jetzt könnten Sie auch noch die einzelnen Quartale betrachten, um zu sehen, ob Gelb beispielsweise in den Sommermonaten besser ankommt als im Winter:

- ✔ Quartal I: 30 Stück
- ✔ Quartal II: 40 Stück
- ✔ Quartal III: 100 Stück
- ✔ Quartal IV: 30 Stück

Und so weiter ... Der Phantasie sind keine Grenzen gesetzt, sofern die Daten Ihrer Phantasie im System enthalten sind.

Durch die Möglichkeit des Drill down können Sie sich weiter und tiefer in die Datenwelt vorarbeiten. Das kann bei detaillierten Fragestellungen sehr wichtig sein. Das Gegenteil von Drill down, das heißt die Aggregation von aufgebohrten Daten, heißt übrigens *Roll Up*.

Arten von Scorecard-Software

Aus technischer Sicht kann die Balanced-Scorecard-Software in fünf Kategorien unterteilt werden:

- ✔ Spreadsheet-Anwendungen
- ✔ Eigenständige Scorecard-Software

- ✔ Auf ERP-Software basierende Anwendungen
- ✔ Auf Data-Warehouse-Lösungen basierende Scorecard-Software
- ✔ Auf Business-Intelligence-Software basierende Scorecard-Software

Spreadsheet-Anwendungen

Unter Spreadsheet-Anwendungen versteht man selbstgestrickte Excel-Lösungen. Teilweise wird auch mit Microsoft Access gearbeitet. Hierzu benötigt man schon ein wenig Access-Kenntnisse, um hübsche Eingabeformulare und -berichte zaubern zu können. Der Vorteil solcher Lösungen: Sie sind auf den ersten Blick kostenlos, da das Office-Paket auf den meisten Computern installiert ist. Rechnen Sie hier ebenfalls den Zeitbedarf für die Erstellung und Pflege des Systems ein.

Eigenständige Scorecard-Software

Eigenständige Balanced-Scorecard-Softwarelösungen haben den Vorteil, dass sie relativ unabhängig von der bestehenden Softwareumgebung implementiert werden können. Aber irgendwoher muss auch eine eigenständige Lösung die Kennzahlen erhalten. Die Schnittstellen zwischen den Systemen müssen deshalb kompatibel sein. Diese Art von Balanced-Scorecard-Software kann dann empfohlen werden, wenn keine nennenswerte Softwareinfrastruktur im Unternehmen besteht.

Auf ERP-Software basierende Anwendungen

In mittleren oder größeren Unternehmen wird meist sogenannte ERP-Software eingesetzt. Die *ERP-Software* enthält unter anderem Daten aus der Materialwirtschaft, der Produktion, der Personalwirtschaft und dem Rechnungswesen. Wird hier die Balanced-Scorecard-Software angedockt, kann sie die meisten der benötigten Kennzahlen bereits aus dem ERP-System ziehen.

Unter ERP-Systemen (Enterprise Resource Planning) versteht man Anwendersysteme, die alle wichtigen Geschäftsprozesse eines Unternehmens abbilden. Der bekannteste Anbieter von ERP-Software ist die SAP AG.

Auf Data-Warehouse-Lösungen basierende Scorecard-Software

Ein Data Warehouse, kurz DWH, sammelt strategisch relevante Daten aus allen möglichen Systemen im Unternehmen. Es fügt zusammen, was zusammengehört, schmeißt Unwichtiges raus und zeigt mit Hilfe von Analysetools die benötigten Daten an. Es ist also nichts anderes als eine riesige Datenbank mit geschickten Auswertungsmöglichkeiten.

Sie sollten eine auf einem Data Warehouse basierende Balanced-Scorecard-Software natürlich nur dann einkaufen, wenn Sie bereits ein Data Warehouse besitzen und dieses die meisten der von der Balanced Scorecard benötigten Daten enthält.

Auf Business-Intelligence-Software basierende Scorecard-Software

Business-Intelligence-Systeme werden in der Regel für das Reporting eingesetzt. Sie sollen vorhandene Daten aus dem DWH oder aus ERP-Systemen analysieren und reporten können. Bekanntester Anbieter ist Hyperion. Für den Einsatz einer Balanced-Scorecard-Software gelten damit ähnliche Voraussetzungen wie bei auf DWH-Systemen basierenden Balanced-Scorecard-Anwendungen.

Produktbeispiele

Der Markt für Balanced-Scorecard-Software ist recht groß. Und nun Vorhang auf für die Anbieter der Scorecard-Software. Nicht in alphabetischer Reihenfolge, sondern entsprechend der technischen Kategorien. Unser Überblick kann natürlich nicht den gesamten Markt abdecken. Einerseits verändert sich der Markt beständig, andererseits hätten wir in diesem Buch auch ein ziemliches Platzproblem, würden wir den gesamten Markt vollständig darstellen. Fehlt die eine oder andere Software, bedeutet dies deshalb nicht, dass wir sie nicht für gut befunden haben.

Anbieter von eigenständiger Scorecard-Software

Wir beginnen den Marktüberblick mit den eigenständigen Balanced-Scorecard-Lösungen.

Strat&Go von der Procos AG:

Die Liechtensteiner Firma mit Sitz in Vaduz bietet sein geraumer Zeit Software zur strategischen Unternehmenssteuerung an.

Procos AG: Strat&Go

Derzeit werden drei Softwaremodule angeboten:

- ✔ Strat&Go Business Planner: Dient der Planung
- ✔ Strat&Go Business Analyzer: Dient der Kennzahlenanalyse
- ✔ Strat&Go Business Scorecard: Dient der strategischen Steuerung

In allen Modulen geht es bunt zu. Ampeln und viele weitere Visualisierungen sollen den Blick auf das Wesentliche schärfen. Preisauskünfte erteilt der Softwareanbieter sicherlich auf Nachfrage. Sie finden den Anbieter unter folgender Adresse: `http://www.procos.com/de/default.asp`.

BusinessNavigator von Wisolution

Die von der irischen Firma Wisolution Ltd. angebotene Balanced-Scorecard-Software BusinessNavigator soll für den Einsatz in Unternehmen aller Größenklassen geeignet sein. Die Preise starten bei 1.000,– Euro für eine einfache Arbeitsplatzlizenz. Studenten haben die Möglichkeit, die Software kostenlos zu installieren. Die Adresse des Anbieters lautet: `http://www.wisolution.com`.

Die Software schnitt in einer Vergleichsstudie der Universität der Bundeswehr München gut ab. Verglichen wurde die Software mit vier weiteren Produkten, die ebenfalls ordentliche Ergebnisse erzielten.

Das sind

- ✔ Strat&Go von Procos
- ✔ ADOscore
- ✔ hyScore
- ✔ Q-Excellence

Strat&Go sowie den BusinessNavigator haben wir Ihnen bereits vorgestellt. Fehlen noch die drei anderen.

ADOscore von BOC

ADOscore wird von der österreichischen Firma BOC Information Technologies Consulting GmbH angeboten. Die Anwendung ist webbasiert, und es können Daten an Excel ausgegeben werden.

Die Software soll auch leicht in heterogene Softwarelandschaften eingepasst werden können. Die Daten kann die Anwendung aus verschiedenen Datenbanken wie Oracle oder DB2 beziehen.

Sie finden die BOC Information unter folgender Adresse: http://www.boc-eu.com/.

hyScore BSC von hyperspace

Die hyperspace GmbH in Peine bietet mit hyScore BSC eine webbasierte Balanced-Scorecard-Software an. Die Software wurde entsprechend der Richtlinien des BSC Collaborative entwickelt. In Abbildung 9.1 sehen Sie einen kleinen Ausschnitt aus einem hyScore-Bericht.

1 Finanzen			
		Datum	Ziel erreicht %
1.01 Wachstum			
Auftragsbestand	● ↑	30.09.2008	64,09
Umsatz, monatlich akkumuliert	■	30.09.2008	131,66
Umsatzwachstum	■ ↓	30.09.2008	356,08
1.02 Proötabilität			
Gutschriften wegen schlechter Leistungen	● ↓	31.12.2008	98,35

Abbildung 9.1: Balanced-Scorecard-Bericht bei hyScore

Hervorzuheben ist bei dieser Software die übersichtliche Gestaltung des Berechtigungssystems. Berechtigungen können hier sehr detailliert und übersichtlich verwaltet werden, was bei einem strategischen Kennzahlensystem wie der Balanced Scorecard wichtig ist. Ein Maßnahmenmanagement zur Zielerreichung ist ebenfalls dabei.

Eine kostenlose Demoversion kann nach Registrierung ausprobiert werden. Sie finden die Webseite unter folgender Adresse: http://www.hyperspace.de/.

Q-Excellence BSC von net-w

Bei Q-Excellence BSC von net-w handelt es sich ebenfalls um eine webbasierte Anwendung. Das EFQM-Modell spielt bei dieser Software eine zentrale Rolle. BMW und AMD zählen zu den Kunden von net-w.

Die Webadresse von net-w lautet: http://www.net-w.de/.

Beim EFQM-Modell handelt es sich um ein von der European Foundation for Quality Management (EFQM) entwickeltes Qualtitätsmanagementsystem. Das US-amerikanische Pendant dazu ist der bekannte Malcolm Baldrige National Quality Award. Zweck des

EFQM-Ansatzes ist eine gesamtheitliche Sicht auf das Unternehmen.

Anbieter von auf ERP-Software basierender Software

Den Markt für ERP-Software teilen sich im Wesentlichen die beiden Platzhirsche SAP und Oracle.

Oracle Balanced Scorecard

Die Balanced-Scorecard-Lösung von Oracle kann entweder als eigenständige Anwendung oder im Unternehmensworkflow integriert verwendet werden. Beides ist möglich. Diese Balanced-Scorecard-Software kann Daten aus fremden Vorsystemen verarbeiten, auch aus einfachen Tabellenkalkulationstabellen. Man muss sich über die Schnittstellen und den Datentransport natürlich keine Gedanken machen, wenn man die Oracle Balanced Scorecard eingebettet in einem Oracle ERP-System verwendet.

 Unter einem Workflow versteht man einen fest definierten Arbeitsablauf, hoffentlich meistens von IT-Systemen unterstützt.

Die Software ist vom BSC Collaborative zertifiziert:

- ✔ Sie ist webfähig.
- ✔ Sie ist mehrbenutzerfähig.
- ✔ Sie bietet drill-down-Reports.
- ✔ Sie besitzt ein detailliertes Berechtigungssystem.
- ✔ Sie bringt mehr als 250 vorgefertigte Kennzahlen mit.
- ✔ Sie bietet viele Analysemöglichkeiten.

SAP SEM

Die SAP AG bietet selbstverständlich auch eine Lösung für die Balanced Scorecard an. Im SAP-Produkt SAP SEM ist eine Balanced Scorecard eingebaut. SAP SEM ist direkt an SAP BW angebunden und bietet zahlreiche Reporting- und Auswertungsmöglichkeiten.

SAP SEM steht für SAP Strategic Enterprise Management und ist direkt an SAP BW angebunden. SAP BW steht für SAP Business Information Warehouse. Das ist ein Data-Warehouse-System, kurz DWH, das eng mit Excel zusammenarbeitet. Das bekannteste und weit verbreitete DWH-Konkurrenzprodukt ist Business Objects, kurz BO. BO wurde zwischenzeitlich von SAP aufgekauft.

SAP SEM bietet ein Management-Cockpit, sodass das obere Management auch ohne größere IT-Kenntnisse auf graphische und numerische Informationen sowie Berichte leicht zugreifen kann. Detailreports gibt es im eng mit MS Excel zusammenarbeitenden SAP BW.

Die im SAP SEM integrierte Balanced Scorecard kann die gesamte benötigte Klaviatur einer Balanced Scorecard abspielen. Strategien werden in konkrete Ziele und Messgrößen übersetzt. Im Maßnahmenmanagement werden Wirkungsketten aufgezeigt.

SAP SEM kann autonom, aber auch innerhalb des SAP ERP-Paketes, betrieben werden.

Auf BI und DWH basierende Scorecard-Software

Last but not least noch ein paar Produktbeispiele für auf Business Integelligence, kurz BI, und Data-Warehouse-Lösungen basierende Anwendungen.

MicroStrategy8

Das US-amerikanische Unternehmen MicroStrategy bietet mit MicroStrategy8 ein Business-Intelligence-Produkt an, dessen Oberfläche per Drag&Drop ganz einfach individuell angepasst werden kann. Die wichtigsten Punkte im Überblick:

- ✔ MicroStrategy8 besitzt eine Weboberfläche.
- ✔ Im Reporting ist eine Drill-down-Funktionalität eingebaut.
- ✔ Alle Daten können in Tabellen weiter analysiert werden.
- ✔ MS Office-Kenntnisse sollen genügen, diese Anwendung bedienen zu können.
- ✔ Die Anwendung kann Daten aus multidimensionalen Datenbanken ziehen, zum Beispiel aus SAP BW. Sogar aus mehreren SAP BW gleichzeitig. Das ist dann sinnvoll, wenn Ihre Balanced Scorecard Daten aus unterschiedlichen Datenpools ziehen muss. Und wenn diese Daten eben in unterschiedlichen Business Information Warehouses liegen, ist es klasse, wenn die Anwendung gleichzeitig auf mehrere Datenbanken zugreifen kann.
- ✔ Die Anwendung kann auf Daten aus operativen ERP-Systemen, wie etwa der Finanzbuchhaltung, zugreifen.
- ✔ MicroStrategy8 kann Daten aus heterogenen Systemen einbinden.

✔ Die Anwendung besitzt eine Analyse-Engine, Reports mit Prognosemöglichkeiten und Data-Mining-Funktionen.

MicroStrategy8 kann eng mit den Data-Mining-Produkten von IBM, SAS oder zum Beispiel SPSS zusammenarbeiten. Unter Data-Mining versteht man die Auswertung großer Datenmengen mit Hilfe von statistischen Verfahren.

Die Webadresse lautet: `http://www.microstrategy.de/`.

Cognos 8 Business Intelligence

Cognos, ein Unternehmen des IBM-Konzerns, bietet innerhalb seiner Software Cognos 8 Business Intelligence auch die Komponente Cognos 8 Scorecarding an. Diese Scorecard-Software ist vom BSC Collaborative zertifiziert und besitzt alle üblichen Merkmale einer vernünftigen Scorecard-Software. Wichtig: Die Anwendung kann Daten aus unterschiedlichen Vorsystemen integrieren.

Die Cognos-Adresse lautet: `http://www.cognos.com/`.

Hyperion Performance Scorecard

Last but not least stellen wir Ihnen einen Balanced-Scorecard-Anbieter vor, der von Oracle aufgekauft wurde: Hyperion. Die Hyperion Performance Scorecard Software ist ebenfalls vom BSC Collaborative zertifiziert und besitzt alle wichtigen Merkmale einer Scorecard-Anwendung. Zudem ist sie webbasiert. Aus der Anwendung heraus können Sie sogar Kollegen mit E-Mails beglücken. In der Anwendung gibt es Raum für Textkommentare und ein Diskussionsforum.

Teil V
Der Top-Ten-Teil

In diesem Teil ...

... haben wir noch zehn nützliche Tipps für Sie, wie Sie die Programme des Microsoft Office-Pakets für Ihre Balanced Scorecard nutzen können. Vor die Balanced Scorecard hat der liebe Gott nämlich leider die lästige Datenaufbereitung gesetzt ...

Zehn Tipps, wie Sie MS-Office für Ihre BSC nutzen können 10

> *In diesem Kapitel*
> ✔ Pivot-Tabellen
> ✔ Lästige Fehler beheben
> ✔ Access benutzen
> ✔ Excel austricksen

Vor die Erstellung einer Balanced Scorecard hat der liebe Gott nun leider mal die Datenaufbereitung gesetzt. In diesem Kapitel haben wir deshalb für Sie ein paar wertvolle Excel- und Access-Tipps zusammengestellt.

Pivot-Tabellen

Der Begriff »Pivot« kommt aus dem Französischen und bedeutet »Dreh- und Angelpunkt«. Mit Excel können Sie mittels dieses »Dreh- und Angelpunktes« problemlos Kreuztabellen erstellen und Daten so ordnen oder gruppieren, wie Sie es wünschen. Aus bestehenden Rohdaten können Sie mit einer Pivot-Tabelle das als Spalten und Zeilen definieren, was Sie benötigen.

Markieren Sie in Excel die Tabelle, die Sie als KreuzTabelle darstellen wollen, und wählen Sie DATEN|PIVOTTABLE UND PIVOTCHART-BERICHT. Klicken Sie bei den beiden folgenden Dialogfeldern jeweils auf WEITER und dann auf FERTIG STELLEN.

Nun erscheint die Rohform der Pivot-Tabelle, die Sie mit Leben füllen können, indem Sie die Seitenfelder, die Zeilenfelder, die Spaltenfelder und die Datenfelder bestimmen. Ziehen Sie hierfür einfach die Felder aus dem erscheinenden Dialogfeld auf die jeweilige Kategorie.

Was Sie als Zeilenfeld definieren, wird in der Zeile dargestellt, die Spaltenfelder erscheinen logischerweise als Spalten. Der Datenbereich wird mit den Werten aus beiden Ebenen befüllt. Bestimmen Sie eine Spalte aus den Rohdaten als Seitenfeld, können Sie nach diesem Kriterium filtern. Hierfür klicken Sie einfach das nach unten zeigende Dreieck an und wählen die Ausprägungen aus, die Sie sehen wollen.

> *Lassen Sie es auf Sie zukommen*
>
> Das hört sich nun alles etwas kompliziert an – ist es aber gar nicht. Nehmen Sie sich einfach mal die Zeit und spielen mit Pivot-Tabellen herum. Es wird sich für Ihren Arbeitsalltag sicherlich lohnen. Bei Fragen konsultieren Sie die Hilfefunktion in Excel oder fragen einen Kollegen, der sich damit auskennt.

Entfernen des lästigen »#DIV/0!« in Excel-Reports

Sie haben eine schöne Excel-Tabelle gebastelt, in dem die Ausschussquote pro Monat für das komplette Jahr dargestellt wird. Bei der Ausschussquote wird die Anzahl der fehlerhaften Produkte durch die gesamte Produktion dividiert. Diese Formel haben Sie für alle Monate des Jahres hinterlegt, damit Sie nicht jeden Monat die Formel neu kopieren und einfügen müssen. Wenn Sie nun im Januar den Report aufsetzen, erscheint in den Monaten, für die noch keine Daten vorliegen, stets ein hässliches #DIV/0!. Excel versucht nämlich zu dividieren, obwohl es noch keine Zahlen gibt. Folglich wird durch null dividiert, was aber mathematisch nicht erlaubt ist.

 Angenommen, die Funktion in der Excel-Tabelle lautet für den Monat Februar C3/C4: Solange die Zelle C4 keinen Wert annimmt, erscheint stets #DIV/0!. Dies können Sie umgehen, indem Sie die Formel wie folgt abändern: =WENN(C4="";"";C3/C4). Sie sagen Excel hier, dass es nichts anzeigen soll, wenn auch die Zelle C4 nichts enthält. Sind in C4 Daten, erscheint das Ergebnis der Berechnung C3/C4. Schon sieht Ihr Report bedeutend schöner aus.

Bedingte Formatierung in Excel

In vielen Reports kann es sinnvoll sein, eine Alarmfunktion einzubauen. Das bedeutet, dass bestimmte Kennzahlen bei bestimmten Werten besonders ins Auge stechen sollen, da sie entweder besonders gut oder besonders schlecht sind. Vor allem bei umfangreichen Reports mit vielen Kennzahlen verliert man leicht einmal den Überblick und erkennt Auffälligkeiten nicht auf Anhieb. Excel verliert den Überblick allerdings nicht so schnell – wenn Sie die entsprechenden Felder mit einer bedingten Formatierung versehen.

Klicken Sie hierzu auf die Zelle, die Sie kontrollieren wollen, und wählen Sie FORMAT|BEDINGTE FORMATIERUNG.

Es erscheint ein Dialogfeld, in dem Sie angeben können, bei welchen Werten die Zelle anders formatiert werden soll.

Wenn Sie diese Werte eingegeben haben, klicken Sie dort auf FORMAT und bestimmen den Look, den die Zelle bei der Erreichung der eben eingegebenen Kriterien haben soll. Wählen Sie beispielsweise MUSTER aus und markieren Sie dann ein kräftiges Rot. Eine solche rote Zelle übersieht man nur sehr schwer.

Sie müssen sich aber nicht nur auf ein Kriterium beschränken. Wählen Sie HINZUFÜGEN, falls noch weitere Bedingungen abgefragt werden sollen.

Excel: Die Richtung beim Drücken der Eingabetaste ändern

Das ist ein kleiner Trick, der Ihnen einiges an Zeit und Nerven sparen kann. Sie geben Werte in eine Excel-Tabelle ein und drücken danach die Eingabetaste ⏎. Standardmäßig wandert die aktive Zelle eins nach unten. Wenn Sie aber Zahlen zeilenweise, das heißt von links nach rechts, eingeben wollen, ist dies reichlich unpraktisch. Sie können selbst bestimmen, in welche Richtung sich die aktive Zelle nach Drücken der Eingabetaste ⏎ verschieben soll. Im Menü EXTRAS finden Sie in den OPTIONEN die Registerkarte BEARBEITEN. Unter MARKIERUNG NACH DEM DRÜCKEN DER EINGEBETASTE VERSCHIEBEN können Sie die Richtung eingeben, in die die aktive Zelle wandern soll.

Excel-Tabellen in Access einbinden

Excel ist zwar gut und schön, doch wenn es um komplexere Abfragen und Analysen geht, stoßen Sie selbst mit Pivot-Tabellen oftmals an Grenzen. Da hilft nur noch eins: Access. Das Schöne daran ist, dass Sie Excel-Tabellen recht unproblematisch in

Access einbinden können, um diese dann hier weiter zu analysieren.

Sie haben zwei Möglichkeiten, was Sie mit der Excel-Tabelle machen können:

- ✔ Sie importieren die Daten.
- ✔ Sie verknüpfen die Tabelle.

> *Importieren oder verknüpfen?*
>
> Importieren heißt, dass Sie die Tabelle 1:1 in Access kopieren, wo sie auch gespeichert wird. Der große Nachteil hierbei: Verändern Sie etwas in den Excel-Rohdaten, greift diese Änderung in der Access-Tabelle nicht. Bei einer Verknüpfung hingegen wird lediglich auf die Excel-Tabelle verwiesen und Änderungen an dieser werden automatisch auch in Access wirksam. Deshalb empfehlen wir, so oft es geht mit Verknüpfungen zu arbeiten. Das spart außerdem noch Speicherplatz.

Beide Varianten finden Sie in Access unter DATEI|EXTERNE DATEN. Wählen Sie in dem sich öffnenden Dialogfeld den Dateityp MICROSOFT EXCEL (*.XLS) aus und suchen Sie die Excel-Datei, in der sich die Tabelle befindet, die Sie importieren oder verknüpfen wollen. Wählen Sie diese aus und bestimmen Sie im nächsten Dialogfeld, welches Tabellenblatt Sie denn genau meinen. Klicken Sie auf WEITER. Jetzt können Sie bestimmen, ob Sie die erste Zeile als Spaltenüberschrift in Access haben wollen. Geben Sie der Tabelle einen passenden Namen und stellen Sie den Import oder die Verknüpfung fertig. Nun können Sie mit der Tabelle in Access weiterarbeiten.

Doppelte Daten aus unterschiedlichen Access-Tabellen löschen

Mal angenommen, Sie haben in Access zwei Tabellen mit Kundendaten: KUNDEN1 und KUNDEN2. Nun wollten Sie jene Datensätze, die in beiden Tabellen enthalten sind, in einer der Tabellen löschen.

Sie öffnen dazu eine Abfrage, lassen sich die beiden Tabellen anzeigen und verknüpfen die Tabellen über die Kundennummer. Dann ziehen Sie das Sternchen am Anfang der Tabelle KUNDEN1 nach unten, damit auch alle Daten aus KUNDEN1, die in KUNDEN2 enthalten sind, gelöscht werden. Jetzt wählen Sie über das Menü Abfrage und Löschabfrage aus und klicken auf das rote Anführungszeichen, um die Abfrage auszuführen.

Aha, es erscheint eine Meldung wie Löschen aus angegebenen Tabellen nicht möglich. Mist! Doch keine Panik: Mit einem klitzekleinen Trick können Sie Access dazu bringen, das zu tun, was Sie wollen.

Wechseln Sie zunächst über Ansicht|SQL-Ansicht den Ansichtsmodus. Jetzt erscheint das sogenannte SQL, das Access sagt, was es tun soll. Dieses SQL beginnt stets mit Delete, wenn etwas gelöscht werden soll. Danach stehen der Name der Tabelle, aus der die Datensätze entfernt werden sollen, ein Punkt und ein Sternchen. Im Beispiel: KUNDEN1.*. Geben Sie zwischen Delete und dem Tabellennamen das Wörtchen DISTINCTROW ein, jeweils mit einem Leerzeichen von den anderen Ausdrücken getrennt. Im Beispiel: DELETE DISTINCTROW KUNDEN1.*.

Dann klicken Sie erneut auf das rote Ausrufezeichen und siehe da: Die Daten werden aus der Tabelle gelöscht.

Kommentare in Excel einfügen

Sie verschicken eine Tabelle und wollen vermeiden, dass die Empfänger zwei Minuten später bei Ihnen anrufen, um Fragen zu den Daten zu stellen?

Das schaffen Sie am besten, wenn Sie bereits im Vorfeld Antworten auf mögliche Fragen in die Excel-Tabelle einbauen: Arbeiten Sie mit Kommentaren.

Klicken Sie die Zelle an, in der etwas steht, was Sie näher erklären wollen. Klicken Sie nun mit der rechten Maustaste und wählen Sie im Kontextmenü KOMMENTAR EINFÜGEN aus.

Es öffnet sich ein Feld, in dem Sie Erläuterungen zu dieser Zelle hineinschreiben können. Wenn Sie den Text eingegeben haben, klicken Sie auf eine andere Zelle auf dem Tabellenblatt. Sie sehen nun in der kommentierten Zelle oben rechts ein kleines rotes Dreieckchen. Wenn Sie mit der Maus über diese Zelle fahren, öffnet sich automatisch der Kommentar.

Sie können allerdings diesen Kommentar auch dauerhaft im Vordergrund belassen. Dazu klicken Sie in der kommentierten Zelle mit der rechten Maustaste und wählen im Kontextmenü einfach KOMMENTAR ANZEIGEN aus.

Schon haben Sie ein paar wertvolle Arbeitsminuten gewonnen, in denen Sie sich nicht mit lästigen Fragen herumschlagen müssen.

Excel-Tabellen drehen

Sie habe eine KreuzTabelle vor sich. Das heißt, eine Tabelle, die sowohl Zeilen- als auch Spaltenüberschriften hat und in der die Zahlenwerte als Kombination dieser beiden Ebenen dargestellt werden. Beispielsweise können in den Spalten die Kunden eingetragen sein und in den Zeilen verschiedene Produkte, als Daten steht die Anzahl der jeweiligen Produkte je Kunde in der Tabelle.

Nun fällt Ihnen ein, dass Sie die Tabelle eigentlich gedreht bräuchten: In den Spalten sollen die Produkte stehen und in den Zeilen die Kunden. Was nun? Nichts leichter als das:

Markieren Sie die komplette Tabelle, die Sie drehen wollen inklusive aller Überschriften. Dann kopieren Sie diese, zum Beispiel mit der Tastenkombination Strg+C. Danach klicken Sie die erste Zelle auf einer freien Fläche in diesem oder in einem anderen Arbeitsblatt an, wo die gedrehte Tabelle hinsoll.

Jetzt klicken Sie mit der rechten Maustaste und wählen im nun erscheinenden Menü INHALTE EINFÜGEN aus. Es öffnet sich ein Dialogfeld, in dem Sie unten rechts TRANSPONIEREN anklicken und dadurch mit einem Häkchen versehen. Nun müssen Sie das Ganze nur noch mit OK bestätigen, und schon erscheint die gedrehte Tabelle.

Zellnamen in Excel vergeben

Wenn Sie in Excel mit langen, unhandlichen Formeln arbeiten, kennen Sie das Problem: Man verliert vor lauter kryptischen Zellnamen wie C93 schnell einmal den Überblick, was nun was ist und was mit der Formel nun eigentlich berechnet werden soll. Das muss nicht sein! Taufen Sie die Zellennamen ganz einfach um. Und zwar so, wie es Ihnen passt.

 Das geht denkbar einfach: Wenn Sie eine Zelle anklicken, erscheint links unter den Menüleisten im sogenannten Namensfeld der Name der Zelle. Normalerweise steht dort etwas wie `A1`. Klicken Sie nun in dieses Feld und überschreiben Sie die hässliche Buchstaben/Zahlen-Kombination. Geben Sie der Zelle einen sprechenden Namen wie `Zinssatz`, sofern die Zelle einen Zinssatz enthält. Jetzt können Sie den Namen der Zelle problemlos in den Formeln verwenden: `=Zinssatz*B2`. Noch besser: Sie geben `B2` auch gleich einen sprechenden Namen.

Haben Sie mehrere Werte in einer Spalte angeordnet, die eine Spaltenüberschrift hat, können Sie auch auf bequeme Weise allen gefüllten Zellen in dieser Spalte den Namen der Spaltenüberschrift geben. Hierfür markieren Sie alle Werte der Spalte, die den Namen tragen sollen, inklusive der Überschrift. Klicken Sie nun auf EINFÜGEN, dann auf NAME und hier auf ERSTELLEN. Es öffnet sich ein Dialogfeld, in dem Sie gefragt werden, aus welcher Zelle der Name erstellt werden soll. Klicken Sie OBERSTE ZEILE an, und prompt wird allen Zellen in der Spalte der Name der Spaltenüberschrift zugewiesen.

Die Excel-Funktion SummeWenn

Gäbe es eine Top Ten der am meisten unterschätzten Funktionen in Excel, `SummeWenn` würde sicherlich dort erscheinen.

Angenommen, Sie haben eine große Tabelle vor sich. In der ersten Spalte stehen Namen von Materialien, in der zweiten die jeweiligen Lieferanten, von denen Sie diese beziehen, und in der dritten die bestellte Menge (der Einfachheit halber sind alle in derselben Einheit dargestellt, in Stück). Sie bestellen teilweise von einem Lieferanten mehrere Sachen und wollen nun wissen, wie hoch die bestellte Menge bei Lieferant Müller ist – unabhängig davon, welches Material denn genau bestellt wurde. Und zwar möglichst einfach, ohne dafür extra eine Pivot-Tabelle erstellen zu müssen.

Hier hilft `SummeWenn`. Geben Sie in eine freie Zelle zunächst einmal Folgendes ein: `=SUMMEWENN(`. Dann markieren Sie den Tabellenbereich, in dem die Lieferanten stehen, tippen ein Semikolon ein und schreiben den Namen des Lieferanten in Anführungszeichen in die Formel. Jetzt geben Sie noch einmal ein Semikolon ein und markieren abschließend den Tabellenbereich, in dem die bestellten Mengen stehen. Klammer zu und fertig.

Die Formel sieht dann zum Beispiel so aus: `=SUMMEWENN(A1:A1000;"Müller";B1:B1000)`.

Wenn Sie nun die Formel durch Drücken der ⏎-Taste bestätigen, erscheint die Summe aller bestellten Mengen beim Lieferanten Müller und zwar ohne aufwändiges Filtern, Sortieren oder Pivot-Tabellen-Basteln.

Stichwortverzeichnis

A

ADOscore 109
Ampel 95
Audit 58
Ausschussquote 45

B

Balanced Scorecard 15, 39, 41, 71, 81
Balanced Scorecard-Software 101, 102, 103
Barliquidität 23
Bilanzanalyse 14
BI-Software 105, 107
BSC-Collaborative 102
Budget 64
BusinessNavigator 108

C

Cashflow 30, 38
Cash-Flow 30
Customer Relationship Management 44
Cycle Time 76

D

Data-Warehouse (DWH) 105, 106, 112
Drill down 103
Du-Pont-Kennzahlensystem 33, 35

E

Eigenkapital 17, 27
Eigenkapitalquote 27, 28
Eigenkapitalrendite 72, 82
Eigenkapitalrentabilität 16, 19, 36
ERP-Software 105, 106

F

Finanzperspektive 71, 82, 93
First Pass Yield 77
Fixkostenentwicklung 72, 82
Formatierung, bedingte 96
Fremdkapital 23, 27
Fremdkapitalquote 27, 28
Fremdkapitalzinsen 20

G

Gesamtkapital 19, 27, 34
Gesamtkapitalrentabilität 20, 21, 37
Gesamtkapitelrendite 21
Gewinn 16
Gewinn-und-Verlust-Rechnung 16, 34

H

Hyperion 107
hyScore BSC 109

J

Jahresüberschuss 30

K

Kapitalstruktur 27
Kapitalumschlag 34
Kapitalvernichtung 43
Kennzahl 13, 31
Kennzahlensystem 31
Kosten, variable 72

Kundenperspektive 42, 44, 50, 87, 88
Kundenzufriedenheit 79

L

Lernperspektive 78, 85
Lern- und Entwicklungsperspektive 42, 46
Liquidität 23, 24, 25, 26
Lizenzpreis 102

M

Marktanteil 44
Mitarbeiterfluktuation 47
Mittel, flüssige 23

P

Perspektive 41
Perspektive, finanzielle 42, 43
Perspektive, ökologische 48, 50
Prozessdurchlaufzeiten 45
Prozessperspektive 42, 45, 75, 85

Q

Qualitätsaudit 64, 76, 84
Qualitätsmanagement 64, 76

R

Rentabilität 16, 22
Rentabilitäts-Liquiditätssystem 37
Return on Investment 33
ROI 35
Roll Up 104

S

Sachgemeinkosten 83
Schnittstellen 102

Sensitivitätsanalyse 32
Softwareinfrastruktur 105
Spreadsheet-Anwendungen 104
Stakeholder 49
Stakeholderperspektive 48, 49
Stand-alone-Lösung 101
Strategie 56
Strat&Go 108
Strukturanalyse 36

T

Tacho-Diagramm 95
Target Costing 66, 71

U

Umsatzerlöse 34, 72
Umsatzrentabilität 21, 33
Unternehmensbewertung 14
Unternehmensleitbilder 53, 54
Unternehmensziel 53, 55

V

Verbindlichkeit 24
Verlust 22
Verschuldungsquote 27, 29
Vision 53, 54

W

Wachstumsanalyse 36
Wirkungsketten 82
Wirtschaftlichkeitsprüfung 75
Working Capital 38

Z

Zielerreichungsgrad 47
Zielvereinbarung 73
ZVEI-Kennzahlensystem 35, 36

Balanced Scorecard für Dummies – Schummelseite

Die Schritte zur Balanced Scorecard

Wählen Sie die passenden Perspektiven aus

- ✔ **Finanzperspektive:** Diese soll meist die Ertrags- und die Vermögenslage mit Hilfe geeigneter Kennzahlen darstellen.

- ✔ **Kundenperspektive:** Hier werden wichtige Informationen über die Marktsituation und das Verhältnis zur Kundschaft aufgezeigt.

- ✔ **Prozessperspektive:** Hier geht es um die Arbeitsabläufe des Unternehmens.

- ✔ **Lern- und Entwicklungsperspektive:** In dieser Perspektive stehen die Mitarbeiter, die Informationssysteme und die Organisation des Unternehmens im Mittelpunkt.

Setzen Sie die vier Perspektiven in Kennzahlen um

- ✔ Finden Sie dazu zunächst einmal das Unternehmensziel der nächsten ein, zwei Jahre heraus.

- ✔ Entwickeln Sie dann die dazu passenden Strategien.

- ✔ Erarbeiten Sie konkrete Aktionen, um diese Strategien umzusetzen.

- ✔ Finden Sie die passenden Kennzahlen zu diesen Aktionen.

Balanced Scorecard für Dummies – Schummelseite

Bauen Sie die Balanced Scorecard auf

- ✔ Sortieren Sie die Kennzahlen nach den Perspektiven.
- ✔ Hierarchisieren Sie die Kennzahlen. Suchen Sie dazu nach Abhängigkeiten und legen Sie übergeordnete Kennzahlen fest.
- ✔ Erstellen Sie mit den hierarchisierten Kennzahlen für die ausgewählten Perspektiven die Balanced Scorecard.

Aktualisieren Sie Ihre Balanced Scorecard regelmäßig

- ✔ Sie sollten die Balanced Scorecard idealerweise jeden Monat aktualisieren. So können Sie zeitnah sehen, wie es um die Zielverfolgung steht.
- ✔ Überarbeiten Sie zudem alle ein bis zwei Jahre die Ziele Ihrer Balanced Scorecard. Prüfen Sie hierbei, ob die Ziele noch zur aktuellen Unternehmensvision passen.